Loisirs créatifs
À VOS FILS

L'univers en couture de la Petite Cabane de Mavada

SACS, POUPÉES ET AUTRES JOLIS PROJETS

Edwige Foissac
alias La petite Cabane de Mavada

CreaPassions.com

Du même auteur :

Les projets de ce livre sont destinés
à un usage personnel et non commercial.

CreaPassions.com
the place to be !

Retrouvez tous les ouvrages sur www.creapassions.com, le site des loisirs créatifs.

Éditrice : Emmanuelle PROT
Tél. : 06 14 19 44 21 / Email : eprot@creapassions.com
Maquette :
Réalisation : EDE Creative Studio www.ede-partners.com

ISBN 978-2-8141-0408-2
Creapassions.com
148 rue de l'Université
75007 Paris
www.creapassions.com

La conception et l'impression des ouvrages sont 100% "made in Europe". Tous les papiers utilisés répondent aux normes européennes, nos imprimeurs ont des unités de production modernes et respectant les contraintes environnementales. Notre choix a également un impact direct sur l'emploi en Europe.

100% fabriqué en Europe

Sommaire

Pour commencer

1) Les pas à pas du livre

- Je vous conseille de lire attentivement le pas à pas en entier avant de commencer un projet. N'essayez pas de faire selon votre logique, mais suivez le déroulé du pas à pas sans vous poser de questions et vous verrez que tout s'emboîte bien au fur et à mesure. Lisez la partie « Patron » avant de découper vos pièces afin d'éviter les mauvaises surprises notamment pour les pièces dont les marges de couture ne sont pas comprises.
- Je vous donne des idées de matières à utiliser et des conseils sur ces dernières mais vous pouvez bien évidemment changer de matières si celles utilisées dans le livre ne vous conviennent pas.

- Les marges de couture sont indiquées pour chaque projet. Elles diffèrent en fonction des projets.
- Les mesures de tissus dans les fournitures sont données **en laize**, c'est-à-dire sur la largeur du tissu. Par exemple, lorsque j'écris 30 cm de jean sur laize, je veux dire que vous aurez besoin de 30 cm de jean sur sa largeur. Le jean a en général une largeur de 140 cm. Vous aurez donc besoin de 30 x 140 cm de tissu en jean. Il faut savoir que je prévois toujours plus large au niveau des métrages au cas où vous auriez besoin d'un morceau supplémentaire ou bien en cas d'erreur.
- Les difficultés sont évaluées avec des étoiles. Une étoile pour un niveau débutant, deux étoiles pour un niveau intermédiaire qui nécessite quelques bases et trois étoiles pour les couturières plus aguerries. **Cependant rien n'est hors de portée**. Je vous conseille de commencer par un projet qui vous motive vraiment.
- J'ai choisi de ne pas mentionner le temps parce qu'il est aléatoire et qu'il diffère en fonction de nos compétences et de notre rapidité d'exécution.
- Enfin pour chaque projet sont notées les dimensions en hauteur x longueur afin que vous puissiez vous faire une idée de la taille du projet fini.

2) Le matériel dont vous aurez besoin

La machine à coudre :

J'ai cousu tous ces modèles avec une machine à coudre standard. Il existe dans le commerce des machines à coudre standard à des prix très abordables pour réaliser tous les projets de ce livre.

Les pieds presseurs :

- Pour le cuir, le simili-cuir ou la toile enduite, utilisez un pied Téflon, un pied double entraînement ou un pied rouleau. En effet, le pied standard a tendance à patiner et à adhérer.
- Pour les fermetures à glissière, utilisez un pied à fermeture à glissière.
- Pour la pose du passepoil, utilisez un pied à passepoil ou à fermeture à glissière.
- Pour les autres tissus, utilisez le pied standard qui est vendu avec votre machine à coudre.

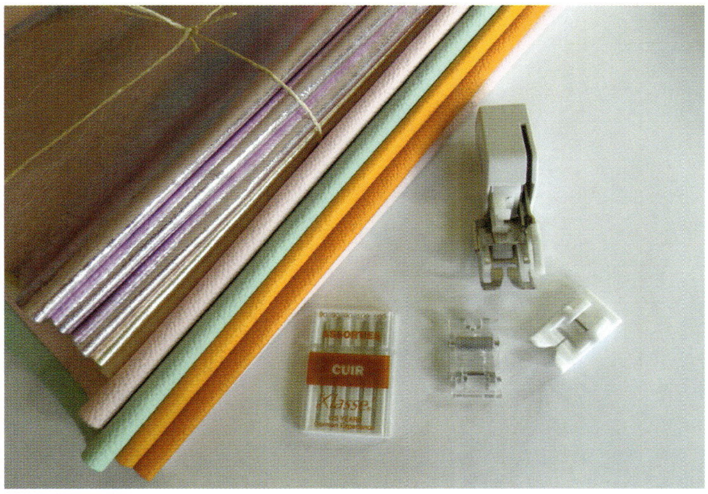

Le fer à repasser :

Le repassage est à mon sens la clef d'un ouvrage soigné. J'y apporte une grande importance. Ainsi on évite les tissus froissés et les erreurs de marge. La surface d'un tissu repassé est plus étendue. Je l'utilise également pour aplatir mes coutures. Attention à ne jamais repasser du simili-cuir ou de la toile enduite sur l'endroit avec un contact direct avec la semelle du fer !

Cette dernière ferait fondre votre matière. Repassez sur l'envers. Si vous avez besoin de repasser sur l'endroit, réglez votre fer au minimum en utilisant une pattemouille (morceau de tissu mouillé) ou du papier cuisson entre la semelle de votre fer et la toile enduite ou le simili-cuir. En effet, dans la fabrication d'une bandoulière, vous serez peut-être amené à la repasser sur l'endroit avant de la surpiquer.

Le papier pour reporter les patrons :

Il est indispensable pour reporter les gabarits de vos projets. Vous pouvez utiliser du papier calque, du papier de soie, du papier à recouvrir les livres ou bien de la bâche de jardin.

Recopiez toutes les pièces du patron par transparence, découpez-les et reportez-les sur l'envers du tissu en faisant attention au sens des motifs (pour les imprimés) et du tissage (pour les velours). Dessinez le contour du patron à l'aide d'une craie de marquage ou feutre textile et découpez **SUR** ce dernier lorsque les marges de couture sont comprises.

Lorsque les marges de couture ne sont pas comprises, ne découpez pas sur le trait mais **AUTOUR** du trait.

Ma petite astuce : si vous utilisez beaucoup un même patron et si la grandeur vous le permet, plastifiez votre gabarit découpé à l'aide d'une plastifieuse.

La Vlieseline thermocollante :

La Vlieseline thermocollante donne du maintien au tissu, elle l'épaissit. Il en existe plusieurs références et en fonction du rendu que l'on souhaite, il faut changer de référence. Pour ma part, j'utilise beaucoup la H250.

Si vous souhaitez un entoilage plus rigide que la H250, vous pouvez utiliser du Décovil ou Décovil light (pour les sacs).

Si vous ne voulez pas investir dans de la Vlieseline et que vous voulez que votre sac ait du maintien, vous pouvez mettre une triplure. La triplure est un tissu épais que vous placerez entre la doublure et le tissu extérieur.

Mode d'emploi de la Vlieseline : la toile Vlieseline possède une face mate et une face brillante enduite d'une fine pellicule de colle. Coupez votre partie à entoiler. Posez cette dernière sur l'envers de votre tissu à entoiler, face brillante contre le tissu et repassez environ 13 secondes d'emplacement en emplacement, fer réglage coton.

Un tissu vlieseliné peut-être lavé jusqu'à 30 °C, programme linge délicat.

Le molleton thermocollant :

Dans la gamme Vlieseline, il existe du molleton thermocollant. Il se pose comme la Vlieseline et il est bien pratique car il ne bouge pas lors de la couture.

J'utilise en général la référence H630.

Le molleton épais :

Je l'utilise pour doubler des matelas ou couvertures. Il existe plusieurs épaisseurs en fonction du gonflant que vous désirez.

Le fil à coudre :

N'hésitez pas à utiliser un fil à coudre de bonne qualité, ainsi vous éviterez les problèmes de fils qui cassent sans arrêt et qui de surcroît risquent d'abîmer le mécanisme de votre machine à coudre. Utilisez de préférence un fil de même tonalité que votre tissu. Cependant si vous désirez effectuer un contraste notamment avec les surpiqûres, prenez un fil de la couleur opposée.

Lorsque le dessous de votre ouvrage est de la couleur opposée au dessus, n'hésitez pas à changer le fil de la canette ainsi vous pourrez coudre en simultané deux tonalités différentes.

Je vous conseille néanmoins d'utiliser la même qualité voire la même marque de fil pour l'enfilage supérieur et la canette.

Les ciseaux et le cutter rotatif :

Je vous conseille d'investir dans une bonne paire de ciseaux de couture afin que la coupe du tissu se fasse aisément. N'utilisez jamais vos ciseaux de couture pour couper du papier, vous abîmeriez la lame. De même, n'utilisez pas les mêmes ciseaux pour couper votre tissu et votre cuir.

Je me sers beaucoup du cutter rotatif pour couper les pièces droites avec un tapis de découpe ainsi qu'une règle patchwork. Pour votre cutter rotatif, c'est la même règle que pour votre paire de ciseaux, n'utilisez pas la même lame pour le tissu et le cuir.

Les accessoires de mercerie :

- Une bonne règle
- Un mètre ruban
- De la sangle gros grains pour les bandoulières. Il en existe de différentes largeurs et de différentes couleurs.
- Des fermetures en tout genre : attaches cartable, scratch, boucles coulissantes, vis chicago, boutons de col de vis, boucles de ceintures…
- Des pressions résine : il existe plusieurs tailles et plusieurs formes
- Des pinces lorsque la matière ne me permet pas de poser des épingles qui troueraient la matière
- Des fermetures à glissière de toutes les tailles et de toutes les couleurs. Je privilégie les fermetures à dents en plastique pour éviter de casser mes aiguilles et de préférence non séparables.
- Des petits boutons aux formes et couleurs variées
- De jolis biais et rubans pour la décoration

Votre matière première :

- Pour l'extérieur de mes sacs, je privilégie des tissus rigides et solides comme la suédine, le simili-cuir épais, le cuir, le jean épais, l'Alcantara, la gabardine, la toile enduite, le velours milleraies épais, le velours grosses côtes, le tissu matelassé. Je vous déconseille fortement la toile cirée, qui contrairement à la toile enduite, est très fragile sur la durée.
- Pour les doublures, j'utilise des cotons imprimés, du Liberty et des tissus matelassés.
- Pour mes appliqués, je privilégie le simili-cuir épais qui ne bouge pas à la couture.
- Pour mes doudous, le minky grid peu extensible ou le velours grosses côtes.
- Pour mes poupées de chiffon, j'utilise essentiellement du lin lavé et du velours milleraies fin extensible.

Le marquage :

Pour marquer mes patrons sur l'envers de mes tissus foncés, j'utilise une craie tailleur ou des crayons de couleur clairs. Pour faire mes repères sur l'endroit des tissus, j'utilise un feutre effaçable à l'eau ou un bic effaçable au fer à repasser. Attention cependant, ces derniers peuvent laisser une légère trace blanche sur certains tissus. Pour éviter les mauvaises surprises, je vous conseille de faire un test au préalable sur une chute de tissu.

Autour de la poupée de chiffon et des doudous

Zélie la belle endormie

Je vous emmène avec moi dans un univers poétique autour de la poupée. Ces poupées sont davantage destinées à de la décoration pour les petits et les grands enfants. Vous pouvez les donner à vos enfants pour jouer mais cependant si ces derniers sont trop petits, veillez à enlever les accessoires de tête ainsi que les chaussures qui contiennent des petites pièces qui pourraient être inhalées ou avalées.

Sur une commode, un lit ou accrochées au mur, elle apporteront une touche de douceur à votre intérieur.

Oubliez la symétrie et la perfection, ce sont les petites imperfections qui rendront vos poupées vivantes, uniques et qui leur donneront tout leur charme.

Fournitures

Les mesures sont données sur laize.

- 30 cm de lin lavé couleur sable pour le devant de la tête, le cou, les mains et les pieds
- 50 cm de velours milleraies souple orange pour le dos de la tête, le bonnet de la tête, les oreilles, les bras, les jambes et le buste
- Un petit rectangle de flex flock noir (flex avec un effet velours) de 10 x 20 cm pour le nez et la frange. Si vous préférez, vous pouvez utiliser du simili-cuir noir que vous coudrez.
- Un rectangle de flex blanc de 10 x 20 cm pour l'intérieur des oreilles (ou du tissu thermocollant si vous n'en avez pas)
- 20 cm de fil à broder noir pour les yeux
- Un petit tambour à broder (facultatif) et une aiguille à broder (le chas de l'aiguille est plus gros et donc plus adapté au fil de broderie assez épais)
- De la ouate de rembourrage
- 50 cm de ruban dentelle pour les chevilles
- Un stylo bille effaçable au fer à repasser ou à l'eau

Dimensions : 47 cm et 250 g de douceur
Difficulté : ★ ★

Patron

Les marges de couture ne sont pas comprises sur ce patron. Lisez bien le pas à pas au fur et à mesure et n'anticipez pas si vous ne voulez pas faire de bêtises au niveau de la découpe !

Planche 3 - Patron ROUGE pour la tête et les oreilles et BLEU pour le corps, les jambes et les bras.

Les mesures sont données en hauteur x longueur.

Devant de la tête : Coupez dans le lin lavé 1 rectangle de 26 x 25 cm.

Bonnet de la tête : Coupez dans le velours milleraies 1 rectangle de 12 x 22 cm.

Dos de la tête : Coupez dans le velours milleraies 1 rectangle de 21 x 22 cm et coupez dans le lin lavé 1 rectangle de 11 x 22 cm.

Nez : Coupez dans le flex flock noir 1 x nez.

Frange : Coupez dans le flex flock noir 1 x frange.

Oreilles : Coupez dans le velours milleraies 2 rectangles de 20 x 10 cm et coupez dans le flex blanc 2 x intérieur des oreilles.

Buste : Coupez dans le velours milleraies 2 rectangles de 25 x 18 cm.

Bras : Coupez dans le velours milleraies 2 rectangles de 21 x 20 cm et dans le lin lavé 2 rectangles de 11 x 20 cm.

Jambes : Coupez dans le velours milleraies 2 rectangles de 22 x 20 cm et dans le lin lavé 2 rectangles de 11 x 20 cm.

Zélie la belle endormie

Confection

1. Reportez votre gabarit tête sur du **papier calque**. Prenez votre rectangle de lin de 26 x 25 cm destiné au devant de la tête et positionnez votre nez en flex ainsi que votre frange en vous aidant des repères de la tête par transparence.

2. Fixez votre nez et votre frange en flex avec votre fer à repasser.

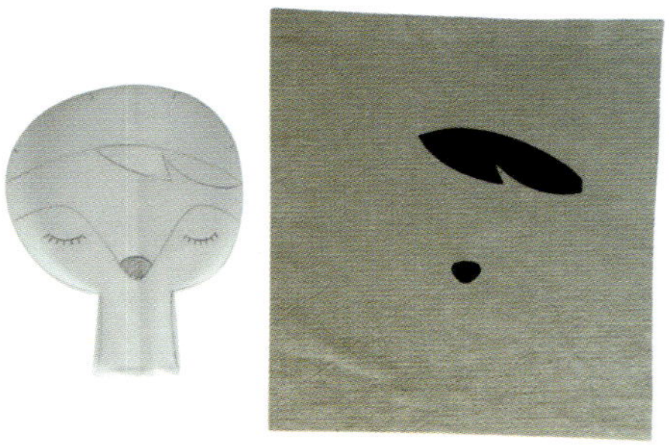

3. Reportez au stylo bille effaçable le contour de votre tête ainsi que la démarcation du bonnet de la tête.

4. Marquez au stylo bille effaçable le museau.

5. Enfin marquez les yeux.

6. Prenez votre fil à broder. Il compte 6 brins. Dédoublez-le de façon à obtenir 3 brins.

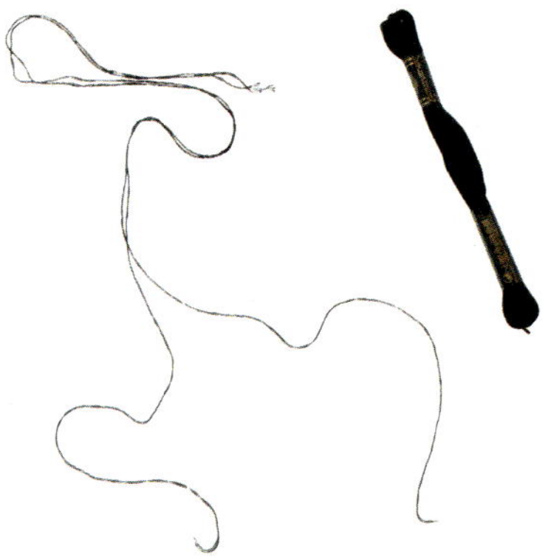

7. Placez votre tête dans un tambour à broder et commencez à broder l'œil gauche. Nous allons faire des points arrière. Pour ce, commencez à sortir votre aiguille du dos du bout du premier cil et rentrez-la à la base de ce dernier.
Ressortez-la à la base du deuxième et repiquez-la dans le trou précédent soit à la base du premier cil et ainsi de suite jusqu'au bout du dernier cil.

8. Une fois terminé, passez votre dernier fil dans le dos à travers les fils brodés.

Mes conseils

Pour cette poupée renarde, je vous conseille l'utilisation d'un lin lavé qui est plus souple et plus facile à travailler et à modeler. Si la broderie des yeux vous fait peur, utilisez un feutre type Posca ou de la peinture textile. N'oubliez pas de passer un coup de fer à repasser une fois que c'est sec pour bien le fixer. Vous pouvez utiliser du simili-cuir pour le nez et la frange si vous n'avez pas de flex. Enfin pour coudre le lin lavé et le velours milleraies, utilisez une aiguille universelle de taille 80 ou 90 et le pied standard de votre machine à coudre.

9. Faites un nœud avec le fil du début et coupez votre surplus de fil.

10. Refaites les étapes 7, 8 et 9 avec votre œil droit.

11. Avec votre machine à coudre et du fil noir dans l'enfilage supérieur, faites une piqûre sur les traits du museau dessinés au stylo.

12. Arrêtez-vous au niveau du nez, rentrez vos fils.

13. Découpez tout le pourtour de votre tête à approximativement 1 cm de votre trait de stylo. **Ne vous inquiétez pas si ce n'est pas très régulier !**

14. Prenez votre rectangle de velours milleraies de 12 x 22 cm destiné au bonnet de tête. Servez-vous de l'arrondi de la démarcation bonnet/visage pour faire un arrondi cranté sur l'endroit du bas du velours.

15. Faites un rentré de 0,5 cm sur l'arrondi cranté de votre velours milleraies et faites coïncider le bas du bonnet avec la démarcation au stylo bonnet/visage. Épinglez.

16. Piquez sur l'arrondi du velours milleraies pour fixer le bas du bonnet au visage en lin.

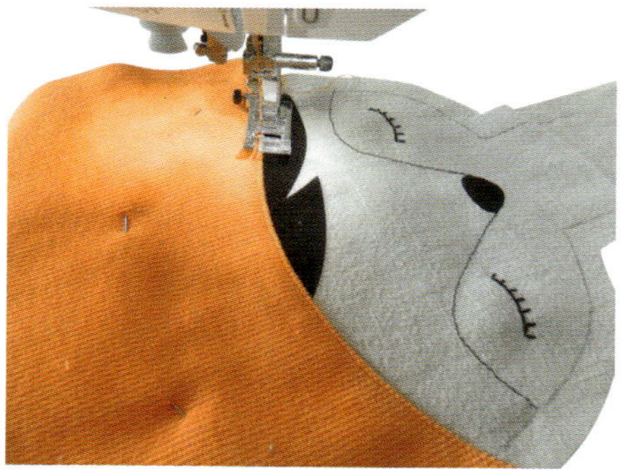

17. Découpez l'excédent de velours et faites une piqûre sur le pourtour du bonnet à 0,5 cm du bord pour le fixer. Cela facilitera le montage par la suite.

18. Prenez votre rectangle de lin de 11 x 22 cm destiné au dos de la tête et faites un trait horizontal au stylo effaçable à 1 cm de la longueur du bas.

19. Prenez votre rectangle de velours de 21 x 22 cm destiné au dos de la tête et placez-le endroit contre endroit avec le lin de l'étape précédente.

20. Piquez sur le trait de stylo horizontal.

21. Replacez votre lin et votre velours comme sur la photo et repassez sur l'envers pour aplatir la couture.

22. Faites une surpiqûre sur l'endroit du velours au niveau de la couture des deux tissus. Elle va plaquer votre velours au lin. Votre ensemble dos de tête est terminé. Réservez.

23. Prenez vos deux rectangles de velours milleraies de 20 x 10 cm destinés aux oreilles. Placez-les endroit contre endroit, épinglez-les et reportez vos gabarits oreille au stylo sur l'envers du velours.

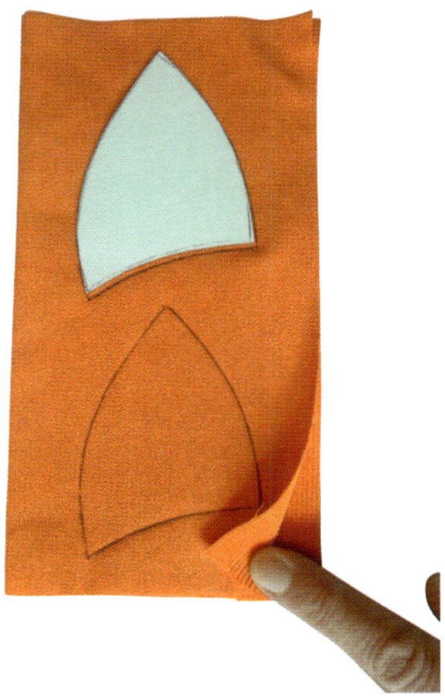

24. Piquez directement sur le trait de crayon sauf sur la base des oreilles. Découpez tout le pourtour aux ciseaux cranteurs. Retournez sur l'endroit et repassez.

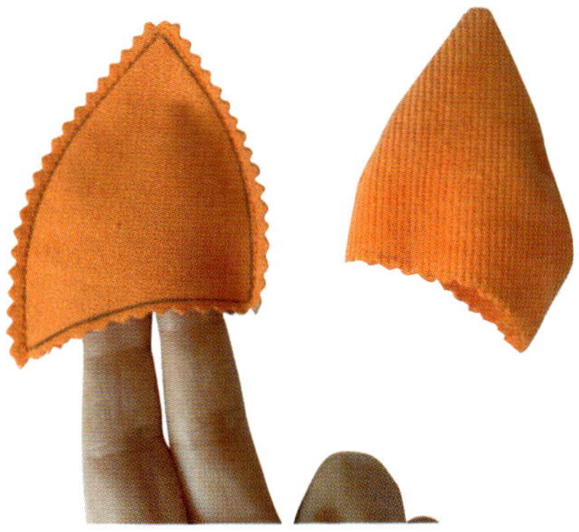

25. Prenez vos intérieurs d'oreille en flex blanc et fixez-les sur vos oreilles avec votre fer à repasser.

26. Placez vos oreilles sur le devant de la tête en vous aidant du repère patron. Le côté flex se trouve contre le bonnet. Piquez la base pour plus de facilité lors du montage.

27. Mon astuce pour que la tête soit bien cousue : Retournez votre visage côté envers du tissu. Servez-vous des repères des coutures des yeux brodés, du museau et de la démarcation bonnet/visage pour positionner votre gabarit tête et reportez directement le contour du gabarit au stylo (grâce à la transparence du gabarit sur papier calque). Vous piquerez directement sur ce trait de stylo à l'étape 29. Reportez également au stylo la démarcation du cou.

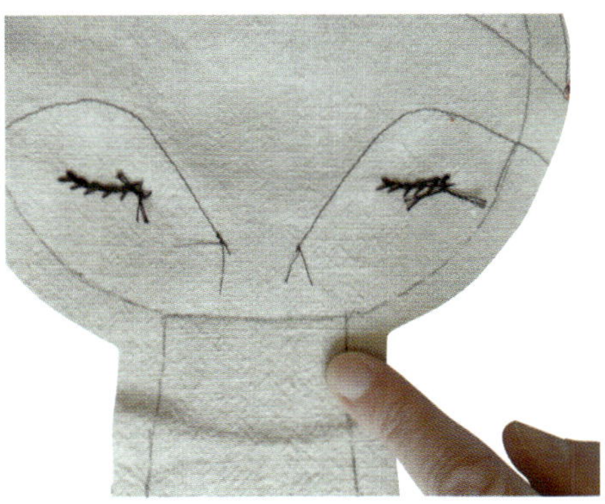

28. Prenez votre ensemble dos de tête de l'étape 22 et votre devant de tête.

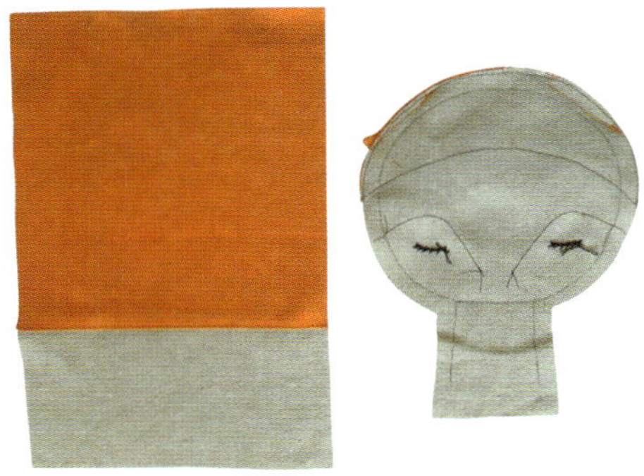

29. Placez votre devant de tête endroit contre endroit avec votre ensemble dos de tête. La ligne du cou et la démarcation velours/lin de l'ensemble dos de tête se superposent.
Épinglez et piquez directement sur le trait de la tête dessiné à l'étape 27. Ne cousez pas le bas du cou pour pouvoir retourner sur l'endroit !

30. Découpez le surplus du rectangle dos de la tête. Crantez les arrondis, insistez sur le haut du cou.

31. Retournez votre tête sur l'endroit par le bas du cou. Procédez en douceur pour éviter de décoller le flex !

32. Rembourrez la tête avec de la ouate. Mettez-en beaucoup, avec le temps la ouate va se tasser. Épinglez le cou et réservez.

33. Prenez votre rectangle de lin de 11 x 20 cm destiné aux jambes. Prenez 20 cm de ruban dentelle et placez-le endroit contre endroit avec votre lin sur la longueur du bas.

Piquez à 0,5 cm du bord.

34. Prenez votre rectangle de velours milleraies de 22 x 20 cm destiné aux jambes et placez-le endroit contre endroit avec le lin de l'étape précédente. Tracez au stylo bille un trait horizontal sur le lin à 1 cm de la longueur du bas.

35. Piquez sur le trait de stylo. Vos deux rectangles velours et lin sont assemblés sur l'envers. Repassez sur l'envers pour aplatir votre couture.

36. Faites une surpiqûre sur le velours à 0,5 cm du bord. Cette surpiqûre plaquera votre velours au lin.

37. Refaites les étapes 33, 34, 35 et 36 pour les seconds rectangles de velours et de lin destinés aux jambes.

38. Placez-les endroit contre endroit en faisant coïncider les démarcations lin/velours et épinglez.

39. Reportez vos gabarits jambe sur l'envers avec un stylo. Si vous regardez bien la photo, vous verrez 3 traits horizontaux de piqûre. Le premier correspond à la piqûre de la dentelle, le second à l'assemblage du lin avec le velours et le dernier à la surpiqûre sur le velours. Faites coïncider le trait de démarcation de la cheville de vos gabarits avec le dernier trait de couture.

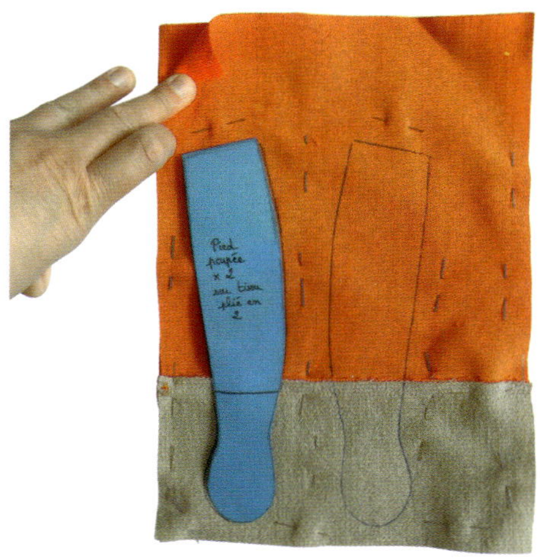

40. Piquez directement sur le trait de stylo sauf sur les largeurs du haut des jambes.

41. Découpez le pourtour de vos jambes aux ciseaux cranteurs. Retournez sur l'endroit par l'ouverture laissée par le haut.

42. Rembourrez vos jambes avec de la ouate. Laissez 2 cm sur le haut des jambes où vous ne rembourrerez pas. Réservez.

43. Prenez vos rectangles de velours milleraies de 21 x 20 cm et vos rectangles de lin de 11 x 20 cm destinés aux bras et refaites l'étape 34 sans mettre de ruban dentelle.

44. Refaites les étapes 35 et 36 avec vos rectangles destinés aux bras.

45. Refaites l'étape 38 avec vos rectangles destinés aux bras.

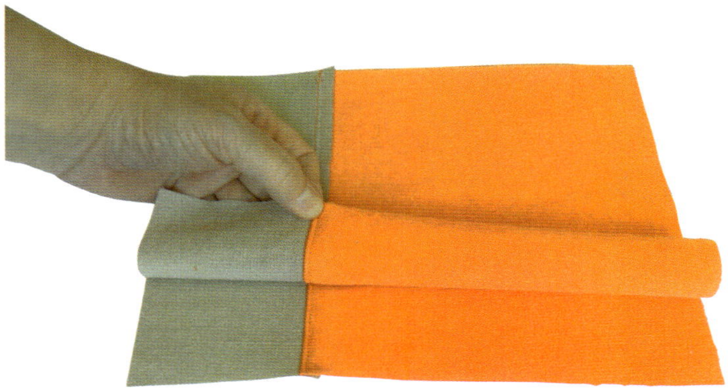

46. Reportez vos gabarits bras sur l'envers avec un stylo. Si vous regardez bien la photo, vous verrez 2 traits de piqûre horizontale. Le premier correspond à l'assemblage du velours au lin et le second à la surpiqûre du velours. Faites coïncider le trait de démarcation du poignet de vos gabarits avec le dernier trait de couture.

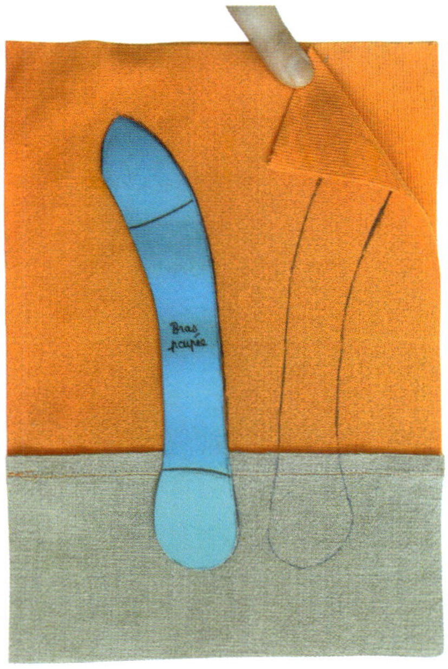

47. Piquez directement sur les traits de stylo en laissant une ouverture sur le haut des bras. Découpez le pourtour de ses bras avec des ciseaux cranteurs et retournez sur l'endroit.

48. Rembourrez bien vos bras jusqu'aux 3/4, ensuite votre bras doit-être quasiment plat jusqu'en haut.

49. Prenez vos rectangles de velours de 25 x 18 cm destinés au buste et placez-les endroit contre endroit.

50. Reportez au stylo votre gabarit buste. Épinglez.

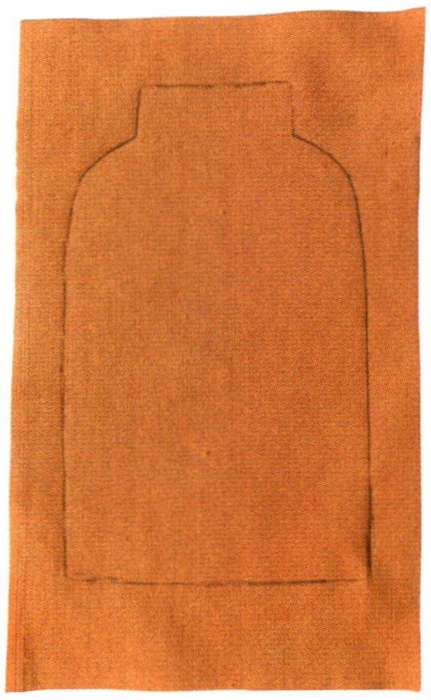

51. Découpez tout le pourtour à 1 cm du trait de crayon (sauf pour le haut du cou) et coupez directement sur le trait. Vous obtenez 2 bustes identiques.

52. Placez vos bras sur l'endroit d'un des deux bustes en vous servant des repères du patron. Piquez les extrémités du haut des bras à 0,5 cm des bords.

53. Placez votre second buste endroit contre endroit du premier qui contient les bras. Épinglez et piquez directement sur le trait de stylo tout le pourtour sauf le haut du cou et le bas du buste.

54. Crantez les arrondis notamment au niveau du bas du cou.

55. Retournez sur l'endroit.

56. Rentrez votre cou dans le haut de votre buste. Faites un rentré de 1 cm au niveau du cou. N'oubliez pas d'enlever vos épingles (celles de l'étape 32) !

Vous pouvez ajuster la hauteur de votre cou selon votre convenance. Si vous constatez qu'il vous reste des traces de stylo sur le visage ou les coutures des côtés de la tête, effacez-les avec votre fer à repasser ou un peu d'eau pour un stylo effaçable à l'eau.

57. Épinglez le velours au cou.

58. Rembourrez le buste de Zélie et faites un rentré de 2 cm sur le bas du buste.

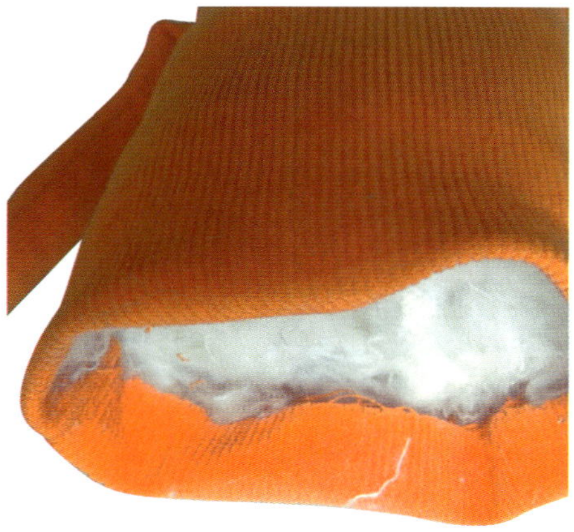

59. Placez vos jambes dans le buste. Elles sont rentrées d'environ 1,5 cm. Épinglez bien et faites attention à ce qu'elles soient de la même longueur une fois épinglées.

60. Fixez le buste au cou avec une piqûre discrète à la main et un fil de même couleur que votre velours.

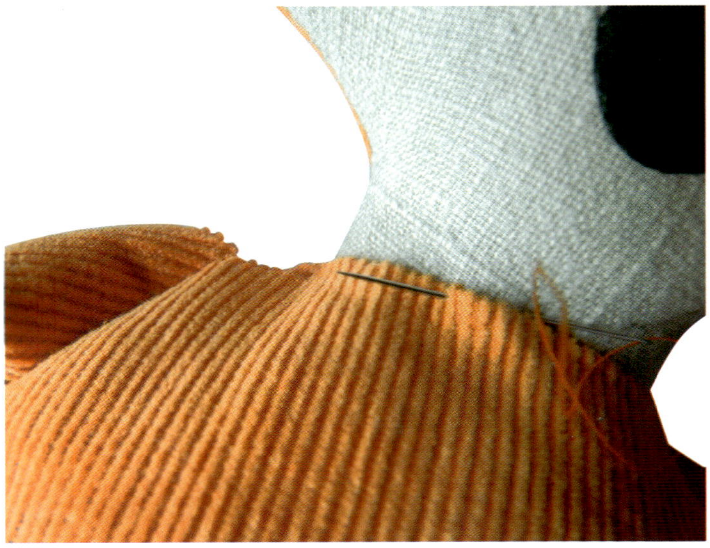

61. Faites une piqûre à la main sur tout le bas du buste. Cette dernière fermera l'ouverture et fixera les jambes en simultané. Votre poupée est terminée.
Nous allons l'habiller.

La robe et le nœud de Zélie

Fournitures

Pour la robe :
- 1 rectangle de 50 x 50 cm de coton imprimé
- 2 jeux de pressions résine
- 30 cm d'élastique plat
- 40 cm de broderie anglaise froncée

Pour le nœud :
- Un petit morceau de tulle de 17 x 30 cm
- Un petit morceau de biais en coton ou en Liberty de 5 cm

Dimensions : 15 cm de longueur pour la robe
Difficulté : ★

Patron

Les marges de couture sont comprises.

Seul le nœud en tulle n'est pas sur planche, veuillez reporter les mesures ci-jointes.

Planche 2 - Patron MARRON

Pour la robe : Coupez dans coton imprimé 1 x robe et 1 x bretelle.

Pour le nœud : Coupez dans tulle 1 rectangle de 17 x 30 cm et coupez dans biais 1 morceau de 5 cm.

Confection de la robe

1. Prenez votre rectangle de coton imprimé destiné à la robe. Faites un rentré de 2 cm sur le haut supérieur, puis à nouveau un rentré de 2 cm. Piquez sur toute la longueur de ce revers de 2 cm. Votre piqûre doit être faite à 1 cm du bord pour pouvoir y passer l'élastique de l'étape 3. Surfilez le côté opposé avec un point zig zag pour éviter que votre tissu ne s'effiloche.

2. Prenez vos 40 cm de ruban broderie anglaise froncée. Placez-le endroit contre endroit sur toute la longueur qui a été surfilée. Piquez sur la piqûre du ruban sur toute la longueur pour le fixer.

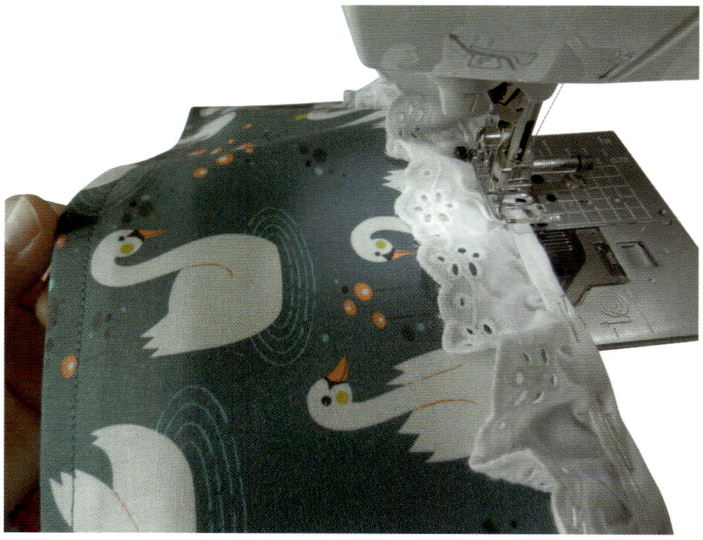

3. Prenez vos 30 cm d'élastique plat et à l'aide d'une grosse aiguille, passez-le dans l'ouverture du revers du haut supérieur. Bloquez avec une couture l'élastique sur les côtés.

Votre rectangle est légèrement froncé.

4. Assemblez les largeurs sur l'envers avec une piqûre à 1 cm du bord. Surfilez les largeurs avec un point zig zag.

5. Prenez votre rectangle destiné aux bretelles. Faites un rentré de 1 cm sur les largeurs et ramenez les longueurs vers le milieu comme un biais. Repliez encore en 2, vous obtenez une bande de 4 épaisseurs de 2,5 x 25 cm. Surpiquez tout le pourtour.

6. Placez vos pressions résine sur les extrémités de votre bande bretelle. Mettez la robe sur la poupée et placez les secondes parties de pressions sur votre robe.

Confection du nœud

7. Prenez votre rectangle de tulle et froissez-le grossièrement comme sur la photo. Placez votre morceau de biais au milieu et fixez-le avec une couture.

8. Cousez votre nœud à la tête avec une piqûre discrète.

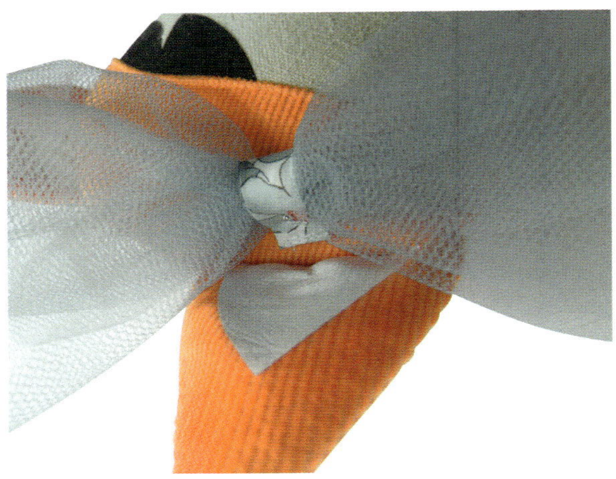

Preston le frileux petit ourson

Fournitures

Les mesures sont données sur laize.
- 30 cm de lin lavé pour le devant de la tête, les mains, les jambes et les oreilles
- 30 cm de velours milleraies souple pour les bras et le buste
- 20 cm de coton imprimé à rayures pour le bonnet et le dos de la tête
- 2 pressions résine noires femelles de taille T3 pour les yeux. Ici j'ai choisi des pressions brillantes et non mates.
- Une chute de flex rose de 5 x 10 cm pour les pommettes (ou de simili-cuir rose si vous préférez)
- Une chute de simili-cuir blanc de 10 x 7 cm pour le museau
- Une chute de simili-cuir noir de 5 x 5 cm pour le nez
- Un peu de laine pour le pompon du bonnet
- De la ouate de rembourrage
- De la colle type glue et du scotch double face pour vous aider pendant le montage
- Un stylo effaçable au fer à repasser ou à l'eau

Dimensions : 50 cm du bout des pieds au bout du pompon et 240 g d'amour
Difficulté : ★ ★

Patron

Les marges de couture ne sont pas comprises sur ce patron. Lisez bien le pas à pas au fur et à mesure et n'anticipez pas si vous ne voulez pas faire de bêtises au niveau de la découpe !

Planche 1 - Patron MARRON

Les mesures sont données en **hauteur x longueur**

Bonnet pompon : Coupez dans coton imprimé 1 rectangle de 14 x 17 cm.

Tête : Prenez un rectangle de lin lavé de 24 x 17 cm et placez-le envers contre envers avec un rectangle de coton imprimé de 24 x 17 cm (le même que celui du bonnet). Épinglez ces deux rectangles. Reportez votre gabarit tête sur l'endroit du lin lavé et coupez tout autour approximativement à 1 cm. Vous allez couper en simultané 1 tête dans le lin et une tête dans le tissu rayé.

Museau : Coupez dans le simili-cuir blanc 1 x museau.

Pommettes : Coupez dans le flex rose ou simili-cuir rose 2 x pommette.

Oreilles : Découpez dans le lin lavé 2 rectangles de 7 x 14 cm. Reportez vos gabarits oreille sur l'envers de votre lin lavé plié en 2. Piquez directement sur les traits de crayon tout le tour sauf la base de l'oreille.

Buste : Coupez dans le velours milleraies 1 rectangle de 22 x 36 cm.

Bras : Coupez dans le velours milleraies 1 rectangle de 20 x 40 cm et dans le lin lavé 1 rectangle de 8 x 40 cm.

Jambes : Coupez dans le lin lavé 2 rectangles de 15 x 28 cm.

Mes conseils

Pour cette poupée de chiffon ourson, je vous conseille d'utiliser un lin lavé, plus doux et plus facile à travailler car plus souple. Utilisez une aiguille universelle de taille 80 ainsi que le pied standard de votre machine à coudre. Si vous utilisez un lin lavé blanc, vous pourrez remplacer le museau en simili-cuir blanc par une piqûre noire directement sur le lin. Vous pourrez également coller un nez en flex noir plutôt que d'en coudre un en simili-cuir. Je fais mes pompons à l'aide d'un set à fabriquer les pompons de 45 mm. Vous pouvez les faire plus gros ou plus petits.

Preston le frileux petit ourson

Confection

1. Prenez votre tête en lin lavé préparée dans la partie « Patron ». Reportez votre gabarit tête sur du papier calque. Servez-vous des repères par transparence pour coller les pommettes en flex avec votre fer à repasser (ou les coudre en simili-cuir).

2. Prenez votre museau et placez-le sur le devant de la tête avec les repères du patron. Vous pouvez utiliser du scotch double face pour maintenir le museau pendant la couture. Piquez le pourtour du museau avec votre pied Téflon et rentrez vos fils au dos.

3. Placez votre nez sur le museau. Collez-le avec de la colle type glue. Piquez-le au museau et rentrez vos fils au dos.

4. Placez les pressions résine noires pour les yeux.

5. Tracez au stylo effaçable la démarcation bonnet/visage en vous servant du patron.

6. Prenez votre rectangle de coton imprimé de 14 x 17 cm destiné au bonnet. Servez-vous de l'arrondi de la démarcation bonnet/visage pour faire un arrondi cranté sur la longueur du bas du tissu.

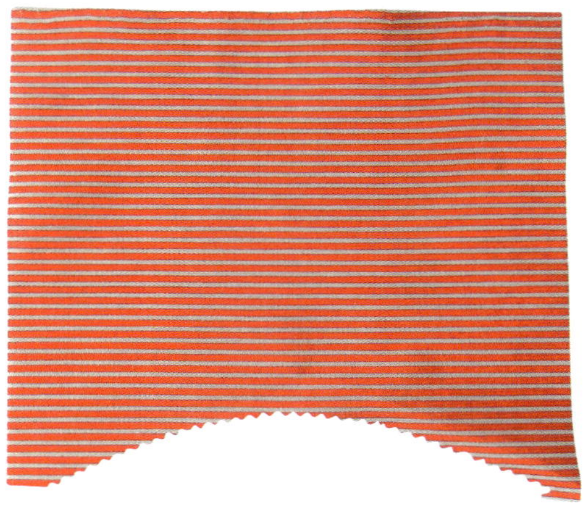

7. Placez votre tissu sur le devant de votre tête envers contre endroit.

8. Faites un rentré de 0,5 cm sur l'arrondi cranté et faites coïncider le bas du tissu arrondi du bonnet avec la démarcation au stylo bonnet/visage. Épinglez.

9. Piquez sur l'arrondi de la démarcation pour fixer le coton rayé au visage en lin lavé.

10. Retournez le visage sur l'envers et piquez le contour du haut de la tête en lin au coton rayé pour plus de facilité lors de la suite du montage.

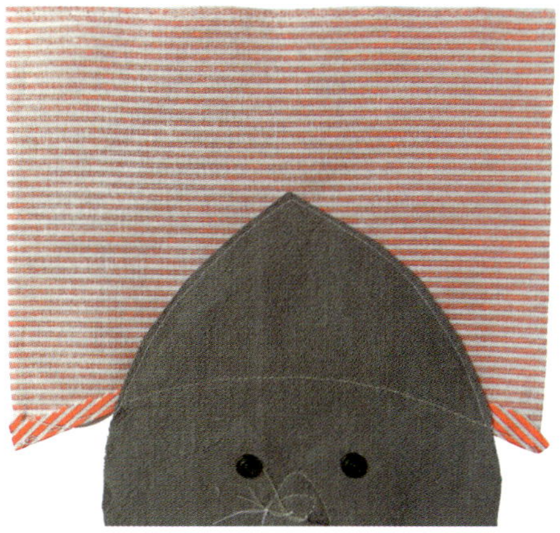

11. Coupez le coton rayé qui dépasse du lin lavé.

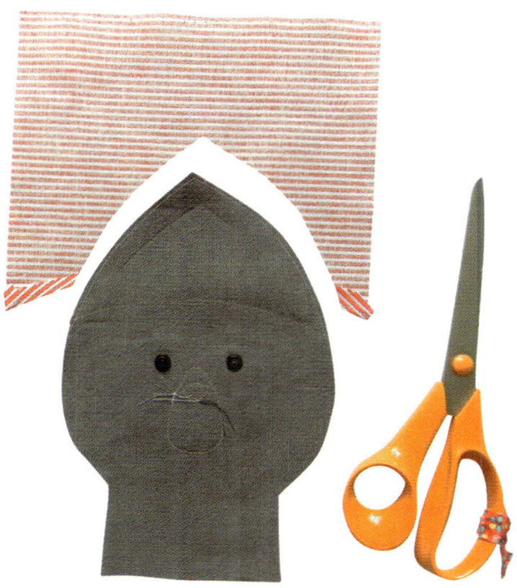

12. Préparez vos oreilles comme indiqué dans la partie « Patron ». Coupez tout le pourtour au ciseau cranteur. Retournez sur l'endroit et repassez.

13. Placez vos oreilles en vous servant des repères du patron. Piquez-les à la base pour plus de facilité lors du montage.

14. Mon astuce pour que la tête soit bien cousue : retournez le visage sur l'envers. Servez-vous des repères des coutures du museau, des yeux et de la couture de démarcation bonnet/visage pour positionner votre gabarit tête en papier calque. Reportez le contour du gabarit sur le dos de votre tête au stylo. Vous piquerez directement sur le trait de stylo à l'étape 16.

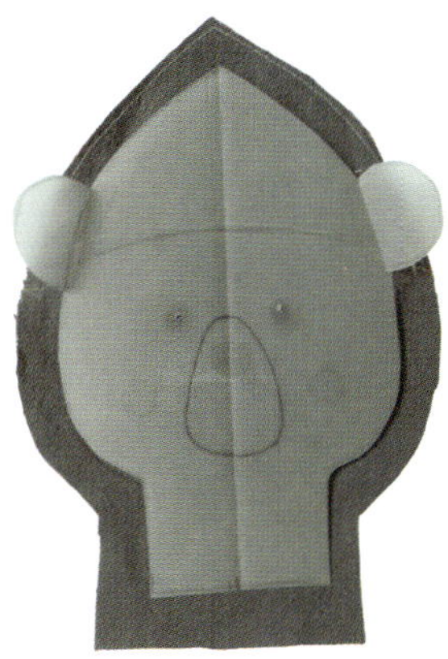

15. Prenez votre tête en coton rayé et placez-la endroit contre endroit avec votre tête en lin lavé.

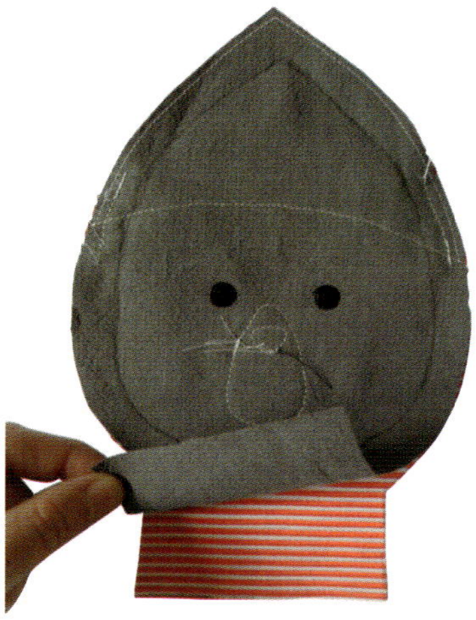

16. Piquez sur le trait de crayon de l'étape 14 sauf la base du cou. Crantez le pourtour et retournez votre tête sur l'endroit.

17. Faites un pompon de la couleur de votre choix avec de la laine. **Laissez dépasser de 25 cm vos 2 fils d'attache du pompon !**

18. À l'aide d'une grosse aiguille pour poupées ou à laine, faites passer les fils d'attache par le sommet du bonnet dans la tête et ressortez-les par l'ouverture du cou.

19. Rembourrez bien votre tête avec de la ouate. Tassez bien votre ouate : en effet avec le temps, le tissu va un peu s'élargir et le volume de la ouate diminuer, la tête risque de se ramollir. Rembourrez jusqu'au bas du cou en tirant de temps en temps sur les fils d'attache du pompon pour que ce dernier soit bien tendu et bien fixé. Nouez les fils d'attache du pompon entre eux à la base du cou. Réservez votre tête.

20. Prenez votre rectangle de velours milleraies de 20 x 40 cm et votre rectangle de lin lavé de 8 x 40 cm destinés aux bras. Tracez sur l'envers du velours milleraies un trait horizontal à 1 cm du bas du tissu.
Faites attention au sens des motif si vous utilisez un velours milleraies imprimé !

21. Placez votre lin lavé endroit contre endroit avec votre velours milleraies. Les bas coïncident.

22. Piquez sur le trait horizontal de l'étape 20.

23. Replacez votre lin lavé comme sur la photo. Avec votre fer à repasser, aplatissez la couture.

24. Faites une surpiqûre le long du bas de votre velours milleraies. Cette surpiqûre plaquera le velours au lin.

25. Coupez votre ensemble velours lin lavé au milieu dans le sens de la largeur (verticalement).

26. Placez vos deux parties égales endroit contre endroit. Faites bien coïncider vos coutures d'assemblage velours/lin. Épinglez le pourtour.

27. Reportez au stylo vos gabarits bras. Placez le trait de démarcation poignée de votre gabarit bras au milieu des coutures d'assemblage velours/lin et surpiqûre velours.

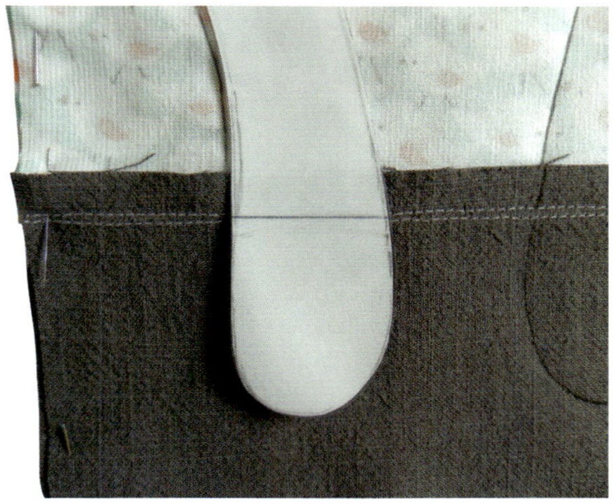

28. Vos gabarits sont reportés.

29. Piquez directement sur le trait de crayon sauf le haut supérieur du bras.

30. Crantez tout le pourtour et retournez vos bras sur l'endroit.

31. Rembourrez vos bras avec de la ouate. Rembourrez bien le fond jusqu'aux 3/4 des bras et ensuite ne mettez que très peu de ouate. Votre haut de bras doit être quasiment plat. Le bas du bras doit faire poids et le haut doit rester souple pour les mouvements.

32. Prenez votre velours milleraies de 22 x 36 cm destiné au buste. Pliez-le en 2 endroit contre endroit dans le sens de la longueur. Vous obtenez 1 rectangle de 2 épaisseurs de 22 x 18 cm. Reportez votre gabarit buste au stylo sur l'envers du velours. Attention au sens des motifs si vous utilisez un velours imprimé !

33. Coupez tout autour du buste à approximativement 1 cm. Vous obtenez 2 bustes identiques (un devant et un dos).

Placez vos bras sur le buste de devant comme sur la photo en vous servant des repères du patron. Piquez les extrémités des bras au buste à 0,5 cm des bords pour davantage de facilité lors du montage.

34. Placez le dos du buste endroit contre endroit avec le devant contenant les bras. Piquez les côtés sur votre trait de stylo. Ne piquez ni le haut, ni le bas !

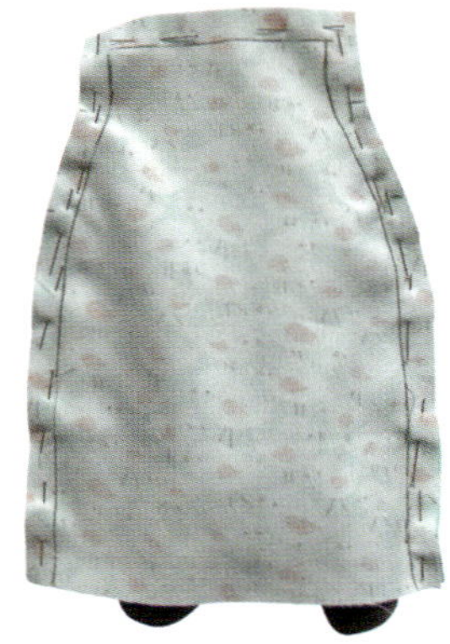

35. Retournez votre buste sur l'endroit. Faites un rentré de 1 cm sur le haut du buste.

36. Rentrez le cou de votre ours dans votre buste, épinglez et faites des petits points discrets tout autour du cou pour le fixer au buste.

Prenez un fil de même tonalité que le buste. Ne mettez pas le cou à ras dans votre buste mais donnez-lui un peu de hauteur car votre ourson aura une écharpe autour du cou.

37. Rembourrez bien votre buste avec de la ouate. Faites un rentré de 1,5 cm sur le bas du buste et placez des petites pinces pour maintenir votre ouate.

38. Prenez vos rectangles de lin lavé de 15 x 28 cm destinés aux jambes. Placez-les endroit contre endroit et épinglez tout le pourtour.

39. Reportez votre gabarit jambes à l'aide d'un stylo sur l'envers de votre lin.

40. Piquez directement sur le trait de crayon sauf sur la largeur du haut de la jambe.

41. Découpez tout le pourtour au ciseau cranteur puis retournez sur l'endroit. Marquez l'endroit de la pliure du genou avec une épingle ou un stylo effaçable en vous servant des repères du patron.

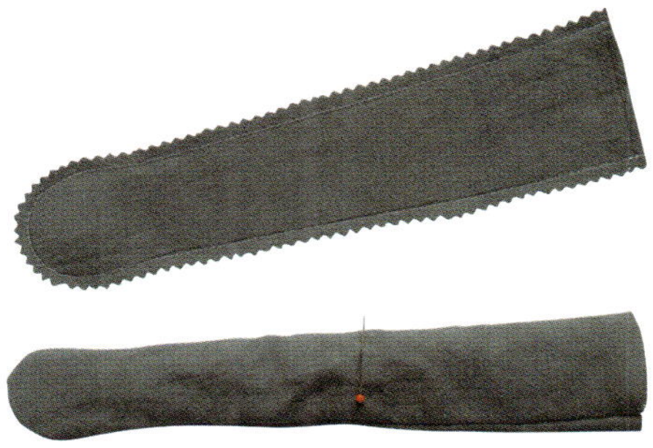

42. Rembourrez bien vos jambes avec de la ouate jusqu'au repère de la pliure du genou. Puis faites à la main une couture horizontale sur toute la pliure du genou.

Une fois la piqûre terminée, remettez du rembourrage jusqu'en haut, cependant mettez-en beaucoup moins qu'en bas pour garder une bonne mobilité au niveau de l'assise de l'ours. La partie en dessous du genou doit être plus lourde et plus compacte que la partie du dessus.

43. Placez vos jambes dans le buste. Rentrez-les d'un bon centimètre. Épinglez bien. Puis faites une piqûre à la main sur tout le bas du buste. Cette dernière fermera l'ouverture et fixera les jambes en simultané.

Attention : à ce que les jambes soient bien de la même hauteur !

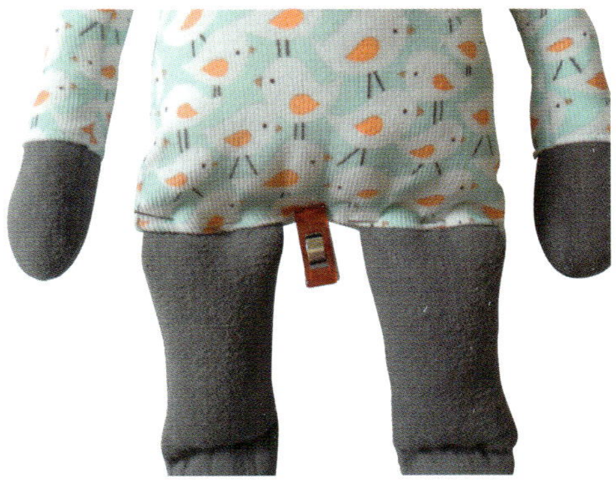

Le pantalon réversible de Preston et sa ceinture

Fournitures

Les mesures sont données sur laize.

- 30 cm de coton imprimé d'une couleur A pour l'extérieur du pantalon
- 30 cm de coton imprimé d'une couleur B pour la doublure du pantalon
- Un petit morceau de biais de 16 cm pour les passants du pantalon
- Une petite bande de cuir de 1 cm de large x 38 cm de long pour la ceinture
- Une boucle de ceinture de 10 mm pour fermer la ceinture en cuir
- De la colle type glue pour la ceinture
- Une pince type perforatrice pour percer le cuir de la ceinture

Dimensions : 25 cm de hauteur
Difficulté : ★

Patron

Les marges de couture de 0,75 cm sont comprises.

Planche 1 - Patron MARRON

Les mesures sont données en **hauteur x longueur**.

Extérieur du pantalon : Coupez dans coton imprimé A, 2 rectangles de 30 x 26 cm.

Doublure du pantalon : Coupez dans coton imprimé B, 2 rectangles de 30 x 26 cm.

Passants du pantalon : Coupez une bande de biais de 16 cm.

Ceinture en cuir : Coupez dans cuir 1 bande de 1 x 38 cm.

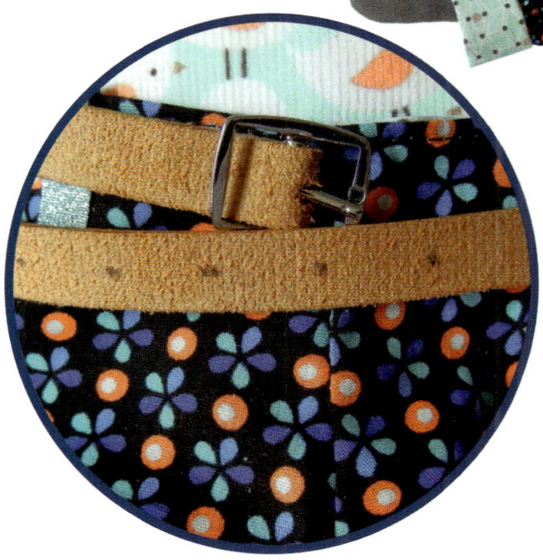

Mes conseils

Pour coudre du coton, utilisez le pied standard de votre machine et utilisez une aiguille universelle de taille 80. Lorsque vous allez couper dans votre tissu, faites bien attention au sens du tissu ! Faites attention à ce que les motifs de l'extérieur ne soient pas à l'envers et placez bien le haut de votre pantalon sur le haut de votre tissu. Quand à la doublure, il faut que les motifs soient à l'envers. En effet, pensez que le revers sera à l'envers et donc en mettant vos motifs à l'envers, ils seront à l'endroit une fois le revers formé. Si vous ne voulez pas vous embêter, prenez un tissu uni ou à pois qui ne nécessite pas de penser au sens. La ceinture en cuir n'est pas seulement décorative, elle permet de maintenir le pantalon en place.

Confection du pantalon

1. Prenez vos rectangles de coton A de 30 x 26 cm destinés à l'extérieur du pantalon. Pliez-les en 2, endroit contre endroit de façon à obtenir 2 rectangles de 30 x 13 cm. Épinglez-les pour éviter que le tissu ne bouge lorsque vous couperez et reporterez votre gabarit pantalon dans le même sens sur les 2 tissus pliés en 2.

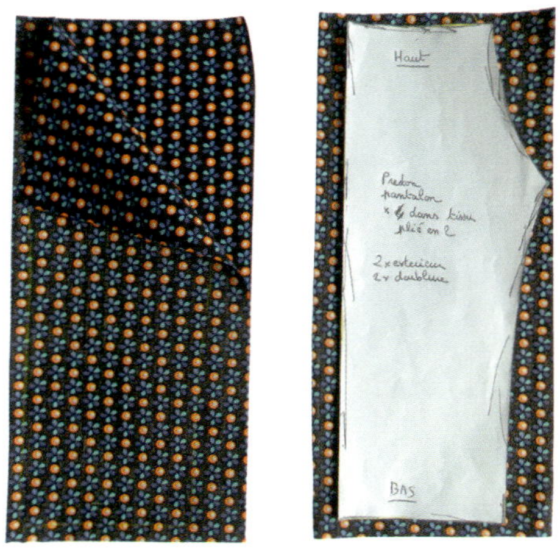

2. Coupez vos gabarits pantalon sur vos deux tissus pliés en 2. Vous obtenez 2 paires de pièces pour l'extérieur soit 4 pièces. Laissez-les endroit contre endroit.

3. Refaites l'étape 1 et 2 avec les deux rectangles destinés à la doublure du pantalon. Laissez-les endroit contre endroit.

4. Prenez une des paires destinées à la doublure de l'étape 3 et une des paires destinées à l'extérieur de l'étape 2. Piquez à l'endroit où sont positionnées les pinces à 0,75 cm du bord.

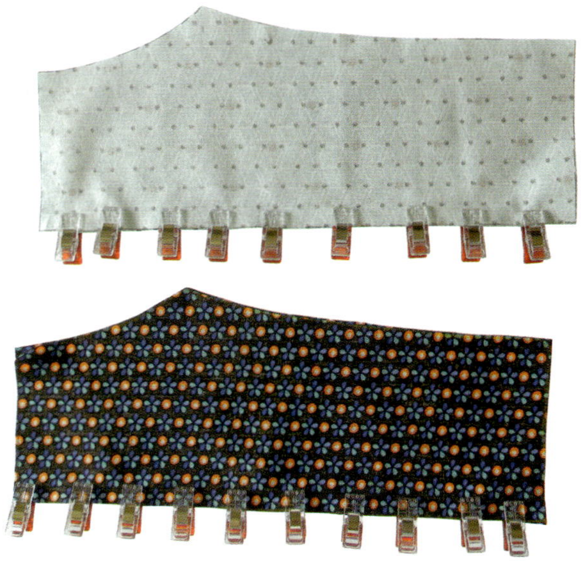

5. Ouvrez vos tissus et aplatissez vos coutures du milieu en les repassant.

6. Placez vos pièces extérieur et doublure de l'étape précédente endroit contre endroit et faite une piqûre à l'endroit où sont placées les pinces sur le bas du pantalon à 0,75 cm du bord.

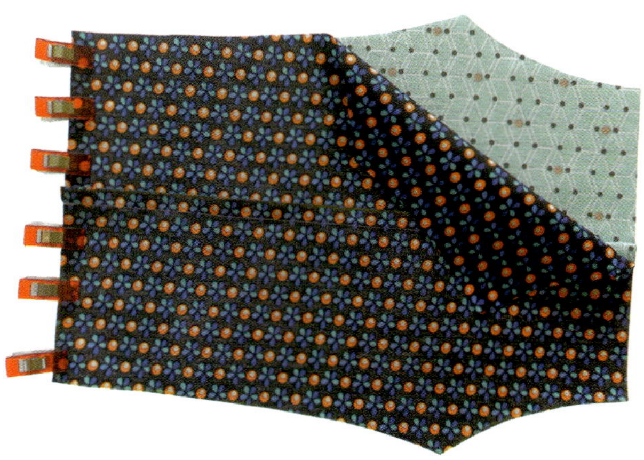

7. Ouvrez votre ensemble extérieur/doublure et aplatissez vos coutures du bas en les repassant.

8. Refaites les étapes 4, 5, 6 et 7 avec la seconde paire destinée à la doublure et la seconde paire destinée à la doublure.

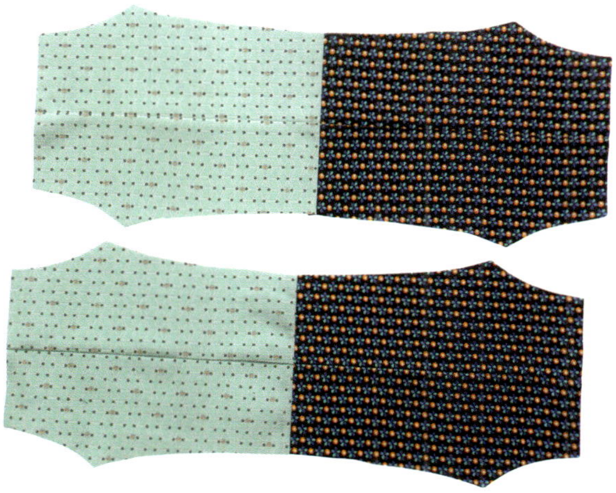

9. Placez vos deux ensembles doublure/extérieur endroit contre endroit.

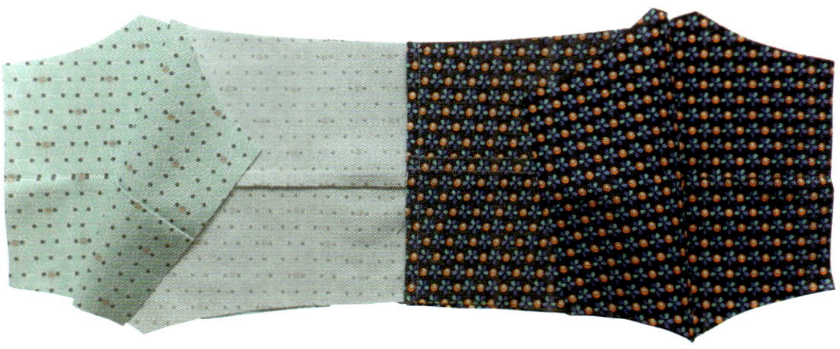

10. Piquez sur les 4 arrondis des angles, à l'endroit où sont placées les pinces.

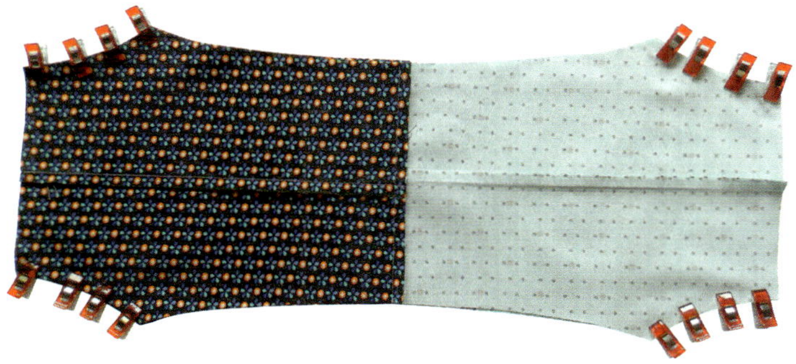

11. Servez-vous du schéma de montage pour fermer les jambes. Rapprochez les points C et D, E et F, G et J et cousez la partie de l'entre-jambe.

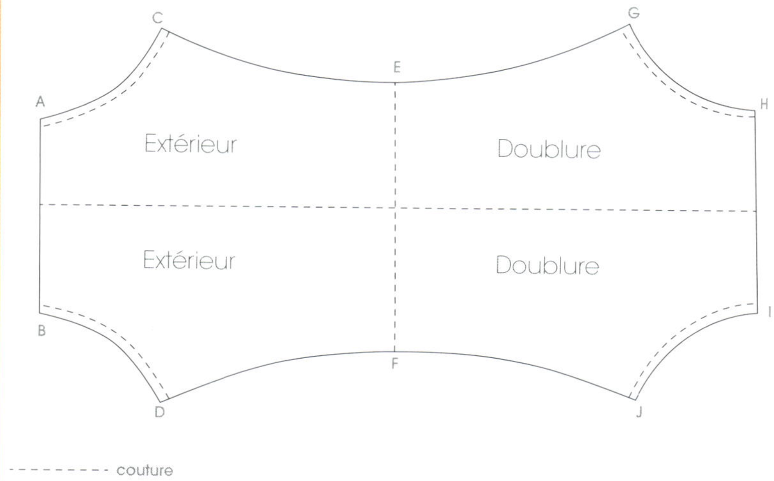

12. Vous obtenez deux pantalons raccordés par le bas des jambes.

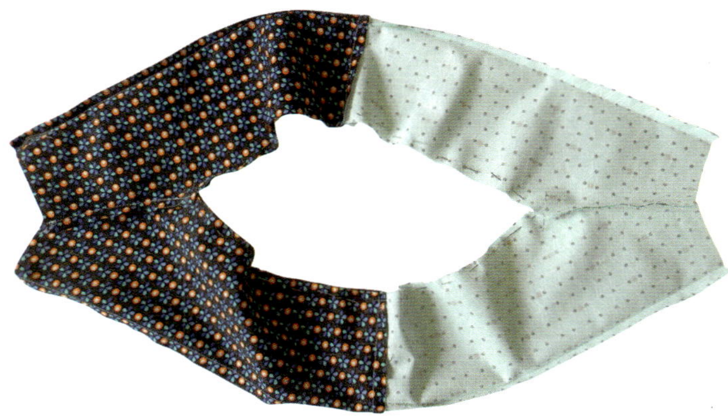

13. Faites glisser le pantalon extérieur sur le pantalon doublure.

14. Repassez les jambes de votre pantalon après avoir correctement positionné le bas du pantalon doublure dans le bas du pantalon extérieur.

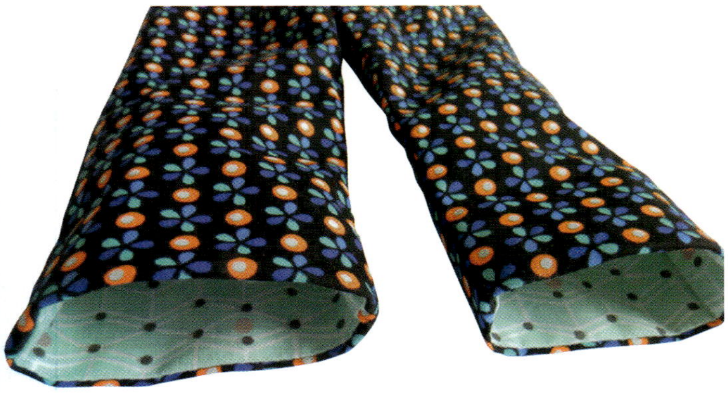

15. Prenez votre morceau de biais de 16 cm et coupez-le en 4 parties égales de 4 cm.

16. Placez 2 petits morceaux de biais sur le haut du devant extérieur. Placez les 2 autres sur le haut du dos extérieur. Ils sont situés à 3,5 cm de la couture du milieu.
Piquez-les à 0,5 cm du bord. **Attention à ne les coudre que sur le pantalon extérieur et non sur le pantalon de la doublure !**

17. Faites un rentré de 1 cm vers l'intérieur sur le tour supérieur du pantalon extérieur et faites la même chose avec la doublure. Vos morceaux de biais sont emprisonnés entre la doublure et l'extérieur.

18. Piquez tout le tour supérieur à 0,5 cm du bord. C'est une étape délicate car le diamètre du haut supérieur ne passe pas dans le bras libre de votre machine à coudre.

Attention : à ne pas piquer sur le dos. Si vous êtes plus à l'aise, vous pouvez piquer à la main.

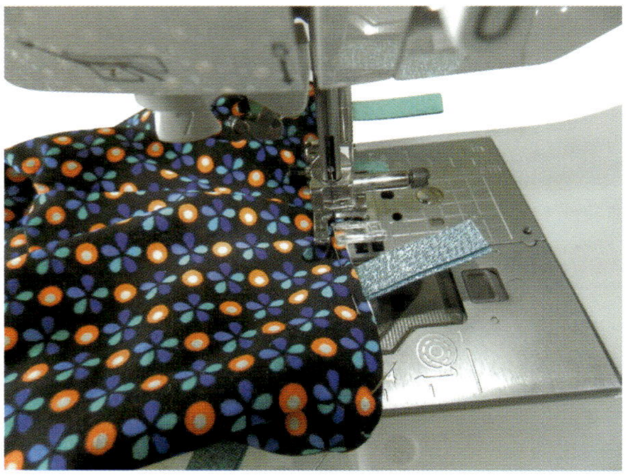

19. Ramenez vos passants vers le bas et maintenez-les à l'aide de pinces. Faites un point de couture à la main sur le bas des passants en piquant dans les deux pantalons.

20. Faites vos revers de la longueur que vous souhaitez. Vous pouvez faite un pantalon long ou un pantacourt en fonction de la grandeur de vos revers.

Confection de la ceinture en cuir

21. Prenez votre bandelette de cuir de 1 x 38 cm, votre pince pour percer le cuir, votre colle type glue et votre boucle de ceinture de 10 mm.

22. Percez un trou à l'aide de votre pince à 4 cm d'une extrémité, au milieu de la largeur.

23. Passez la tige de votre boucle ceinture dans le trou de l'étape 22 et collez avec de la colle type glue à l'endroit de votre pince pour enfermer la boucle de ceinture.

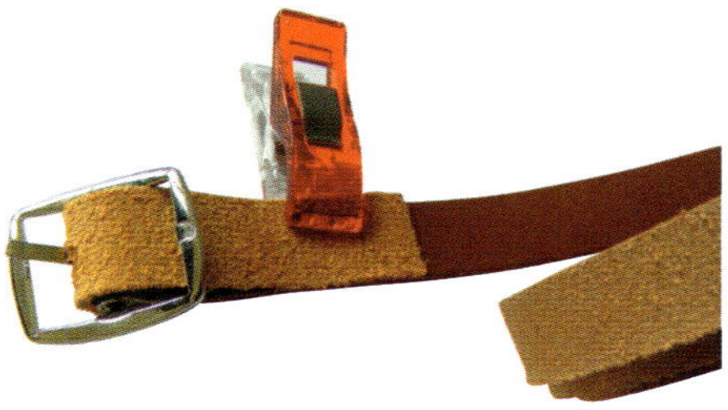

24. Passez votre ceinture autour de la taille de Preston et marquez de façon équidistante et au milieu de la largeur des petits trous en fonction de la taille de votre ours. Percez au niveau de ces repères avec votre pince. Rentrez votre ceinture dans les passants.

L'écharpe Lapin Câlin de Preston

Fournitures

- Un morceau de tissu finement matelassé de 25 x 50 cm (ou de tissu pilou) pour l'extérieur de l'écharpe et les oreilles
- Un morceau de coton imprimé de 12 x 10 cm pour la doublure des oreilles
- Un peu de laine pour le pompon de la queue
- Un petit morceau de simili-cuir noir de 5 x 5 cm pour le nez
- Deux pressions résine femelles noires de taille T3 pour les yeux
- Un jeu de pression résine transparente pour fixer l'écharpe autour du cou

Dimensions : 6 x 41 cm du bout du museau au bout de la queue du pompon
Difficulté : ★

Patron

Les marges de couture de 0,75 cm sont comprises. **Sauf pour les oreilles du lapin !**

Planche 1 - Patron ROUGE

Cette écharpe est composée de 3 parties : le dessus est formé du bout du museau (Partie A) et du corps (Partie B). Le dessous est appelé Partie C.

Les mesures sont données en hauteur x longueur.

Oreilles : Prenez un un rectangle de tissu matelassé de 12 x 10 cm et votre rectangle de coton imprimé de 12 x 10 cm et placez-les endroit contre endroit. Reportez 2 x votre gabarit oreille sur l'envers de votre coton imprimé avec un stylo bille. Piquez directement sur le trait de crayon sauf sur la base.

Dessus de l'écharpe : Coupez dans le tissu matelassé 1 x museau (Partie A) et 1 x corps (Partie B).

Queue : Faites un pompon avec la couleur de laine de votre choix. Laissez dépasser les liens d'attache du pompon de 15 cm.

Nez : Reportez votre gabarit nez sur l'envers de votre simili-cuir au crayon et découpez directement sur votre trait de crayon.

Mes conseils

Si vous n'avez pas de tissu matelassé, utilisez un coton imprimé et un petit morceau de molleton thermocollant type H640 que vous collerez sur l'envers de votre partie C. Utilisez une aiguille standard de taille 80 pour coudre cette écharpe. Vous pouvez mettre du flex à la place du simili-cuir pour le nez, si vous préférez. Pour faire mon pompon, j'ai utilisé un set à fabriquer les pompons de taille 35 mm mais rien ne vous empêche de faire un pompon plus gros ou plus petit.

Confection

1. Prenez votre museau Partie A et placez votre nez en vous aidant du patron. Piquez le nez sur le museau. Fixez vos pressions résine destinées aux yeux.

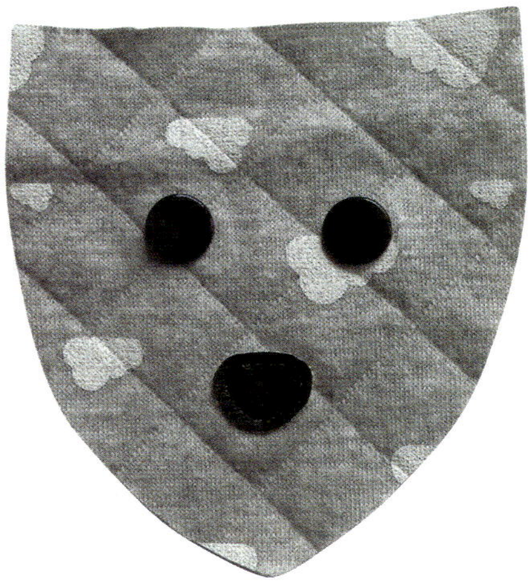

2. Préparez vos oreilles comme indiqué dans la partie « Patron ».

3. Crantez autour des coutures, retournez sur l'endroit et repassez.

4. Placez vos oreilles sur le haut supérieur du museau endroit contre endroit. Piquez les bases à 0,5 cm du bord pour plus de facilité lors du montage. Elles sont situées à 1 cm des côtés.

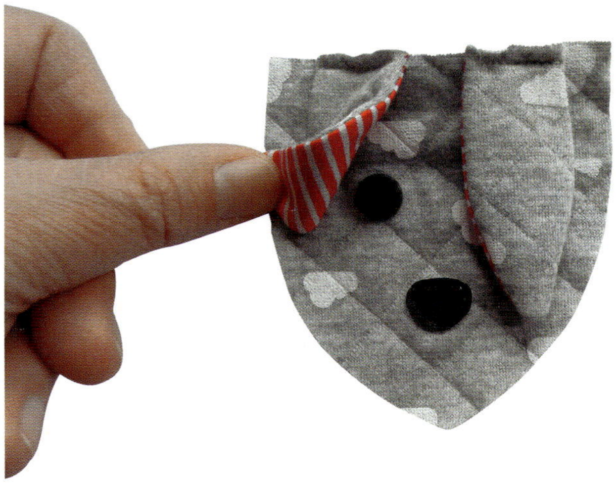

5. Placez le museau Partie A endroit contre l'endroit du corps Partie B comme sur la photo. Piquez à l'endroit où sont posées les pinces à 0,75 cm du bord.

6. Rabattez votre museau et aplatissez la couture du dessous avec votre fer.

7. Piquez le haut supérieur du museau pour plaquer les oreilles au corps.

8. La piqûre plaque vos oreilles.

9. Prenez votre dessous d'écharpe en tissu matelassé et placez la pression résine femelle transparente à l'endroit indiqué sur le patron. La partie clipsable se trouve sur l'endroit du tissu.

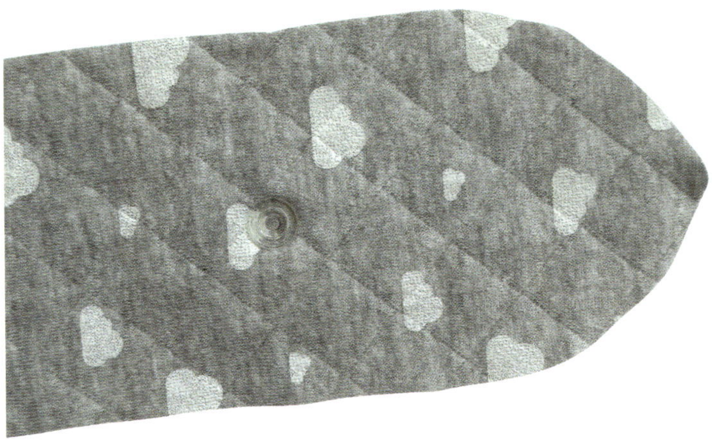

10. Placez votre dessus ensemble partie A/B endroit contre endroit votre dessous Partie C. Piquez tout le pourtour en laissant une ouverture de 6 cm sur un côté près de la queue. Retournez sur l'endroit par l'ouverture laissée sur le côté.

11. Préparez votre pompon en laissant une longueur de 15 cm pour les liens d'attache.

12. À l'aide d'une grosse aiguille de poupée ou à laine, rentrez les liens du pompon par le milieu de l'arrondi du bas. Puis faites plusieurs nœuds à l'intérieur par l'ouverture laissée pour que le pompon ne puisse plus ressortir. Fermez discrètement à la main l'ouverture laissée avec un fil de même tonalité que votre tissu.

13. Mettez votre écharpe autour du cou de votre ourson et marquez à l'aide d'un stylo l'emplacement de la seconde partie de votre pression résine. La pression résine mâle transperce le dessus et le dessous de votre écharpe.

May-Li la fée des fleurs

Fournitures

Les mesures sont données sur laize.

- 30 cm de lin lavé couleur sable pour le devant de la tête, le cou, les mains et les pieds
- 50 cm de velours milleraies souple bleu gris pour le dos de la tête, le haut de la tête, les oreilles, les bras, le buste et les jambes
- Un petit rectangle de flex flock noir (qui a un effet de velours) de 10 x 30 cm pour l'intérieur des oreilles, la frange et le nez
- 20 cm de fil à broder noir pour les yeux
- Un peu d'encre à tampon couleur fuchsia pour les pommettes
- De la ouate de rembourrage
- Un stylo effaçable à l'eau ou au fer à repasser
- Un petit tambour de broderie et une aiguille à broderie (le chas de l'aiguille est plus large pour faire passer l'épaisseur du fil à broder)

Dimensions : 47 cm et 250 g de poésie
Difficulté : ★ ★

Patron

Le patron et le montage du corps étant identiques à celui de Zélie la belle endormie (page 11), je ne détaillerai que l'étape de la tête. Pour le reste du montage, veuillez vous référer à celui de Zélie.

Les marges de couture ne sont pas comprises sur ce patron.

Planche 3 - Patron BLEU

Les mesures sont données en hauteur x longueur.

Lisez bien le pas à pas au fur et à mesure et n'anticipez pas si vous ne voulez pas faire de bêtises au niveau de la découpe.

Devant de la tête : Coupez dans le lin lavé 1 rectangle de 26 x 25 cm.

Bonnet de la tête : Coupez dans le velours milleraies 1 rectangle de 12 x 22 cm.

Dos de la tête : Coupez dans le velours milleraies 1 rectangle de 21 x 22 cm et coupez dans le lin lavé 1 rectangle de 11 x 22 cm.

Nez : Coupez dans le flex flock 1 x nez.

Frange : Coupez dans le flex flock 1 x frange.

Oreilles : Découpez dans le velours milleraies 4 carrés de 11 x 11 cm et découpez dans le flex flock 2 x intérieur oreille.

Buste : Coupez dans le velours milleraies 2 rectangles de 25 x 18 cm.

Bras : Coupez dans le velours milleraies 2 rectangles de 21 x 20 cm et dans le lin lavé 2 rectangles de 11 x 20 cm.

Jambes : Coupez dans le velours milleraies 2 rectangles de 22 x 20 cm et dans le lin lavé 2 rectangles de 11 x 20 cm.

Mes conseils

Pour cette poupée de chiffon koala, je vous conseille d'utiliser un lin lavé, plus souple et plus facile à travailler. Si vous ne voulez pas broder les yeux, vous pouvez utiliser un feutre type Posca ou de la peinture textile. Pensez à repasser pour les fixer. Vous pouvez faire le nez et la frange en simili-cuir. Il vous suffira de les coudre. Pour coudre le lin lavé et le velours milleraies, utilisez une aiguille universelle de taille 80 ou 90 ainsi que le pied standard de votre machine à coudre.

Confection

1. Prenez votre rectangle de lin lavé de 26 x 25 cm destiné au devant de la tête et placez votre nez en flex en vous aidant du repère de la tête pas transparence du gabarit tête reporté sur **papier calque**.

2. Collez votre nez en flex à l'aide de votre fer à repasser.

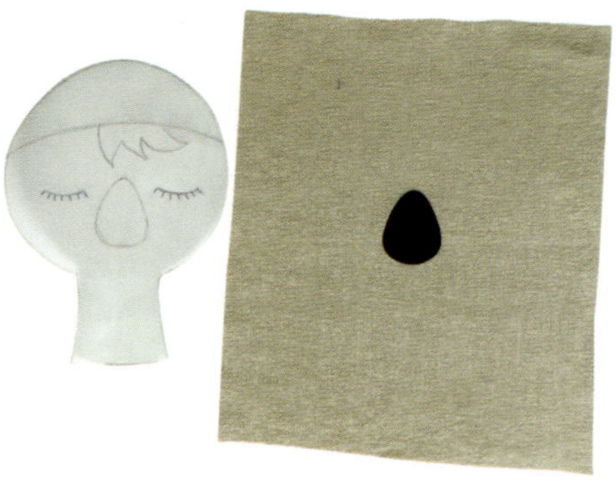

3. Placez votre frange avec la même technique que l'étape 1 et fixez-la avec votre fer à repasser.

4. Reportez votre gabarit tête avec la démarcation du bonnet et les yeux avec un stylo bille effaçable.

5. Prenez un tambour à border en plastique ou en bois selon votre convenance.

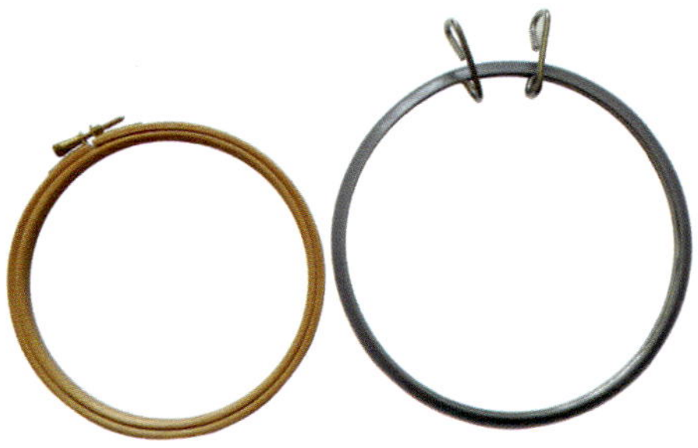

6. Prenez votre fil à broder. Il compte 6 brins, dédoublez-le et n'en gardez que 3.

7. Placez la tête dans le tambour.

8. Brodez les yeux avec les 3 brins. Commencez par sortir votre aiguille du dos du bout du premier cil et rentrez-la à la base de ce dernier. Ressortez-la à la base du deuxième et repiquez-la dans le trou précédent soit à la base du premier cil et ainsi de suite. Ce sont des points arrières.

9. Vos deux yeux sont brodés, faites un nœud au dos.

10. Prenez vos gabarits oreilles. Pour davantage de facilité, coupez un gabarit plein et un gabarit dont l'intérieur de l'oreille sera évidé.

11. Prenez 2 carrés de velours milleraies de 11 x 11 cm. Placez-les endroit contre endroit et reportez au stylo sur l'envers votre gabarit plein.

12. Piquez directement sur le trait de stylo sauf sur la base. Découpez tout le pourtour au ciseau cranteur et retournez sur l'endroit. Faites la même chose pour l'autre oreille et les 2 autres carrés de 11 x 11 cm.

13. Découpez dans flex flock vos deux intérieurs d'oreille (attention au sens !) et fixez-les avec votre fer sur le devant de vos 2 oreilles en velours milleraies. Servez-vous du gabarit évidé pour bien positionner votre intérieur d'oreille en flex.

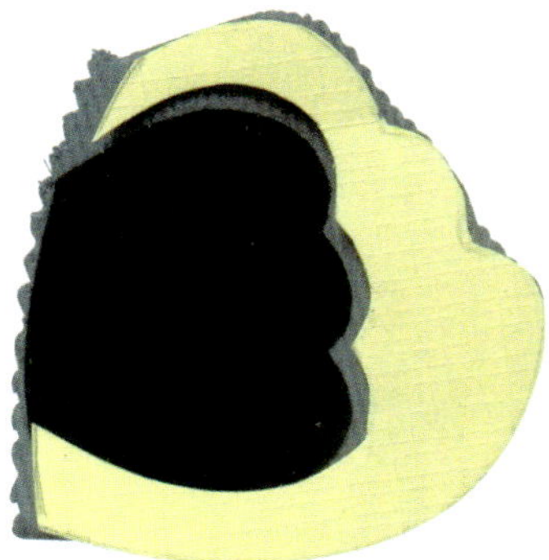

14. Prenez votre rectangle de velours milleraies de 12 x 22 cm destiné au bonnet. Servez-vous de l'arrondi de la démarcation bonnet/visage pour faire un arrondi cranté sur le bas du velours.

15. Découpez tout le pourtour de votre tête à approximativement 1 cm.

16. Faites un rentré de 0,5 cm sur l'arrondi cranté de votre velours milleraies et faites coïncider le bas du bonnet avec la démarcation au stylo bonnet/visage. Épinglez.

17. Piquez sur l'arrondi de la démarcation pour fixer le velours milleraies au visage en lin lavé.

18. Découpez l'excédent de velours milleraies et faites une piqûre sur le haut du bonnet pour le fixer au lin lavé à 0,5 cm du bord pour plus de facilité au montage.

19. Mon astuce pour que la tête soit bien cousue : retournez le visage sur l'envers. Servez-vous des repères des coutures des yeux brodés et de la couture démarcation bonnet/visage pour positionner votre gabarit tête en papier calque et reportez directement le contour du gabarit sur le dos de votre tête au stylo. Vous piquerez directement sur le trait de crayon à l'étape 26.

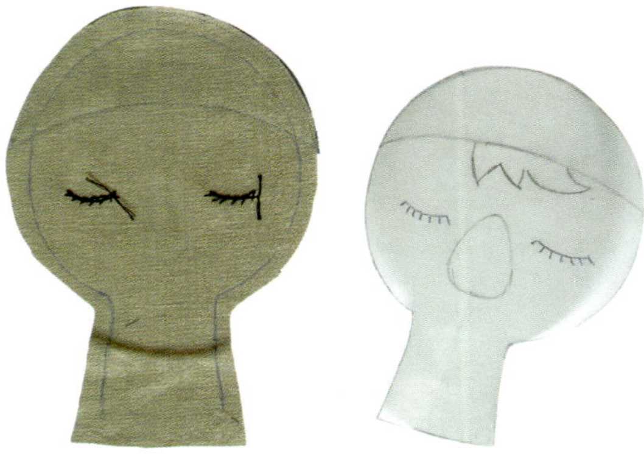

20. Placez vos oreilles endroit contre endroit en vous aidant des repères du patron. Faites une piqûre aux extrémités à 0,5 cm des bords pour plus de facilité lors du montage.

21. Prenez votre rectangle de velours milleraies de 21 x 22 cm et votre rectangle de lin de 11 x 22 cm destinés au dos de la tête et placez-les endroit contre endroit. Le bas du rectangle de velours et le haut du rectangle de lin se superposent. Tracez une ligne horizontale au stylo effaçable sur le lin à 1 cm du bas. Épinglez.

22. Piquez sur la ligne horizontale tracée au stylo effaçable.

23. Votre lin est cousu à votre velours. Faites une surpiqûre sur le bas de l'endroit du velours milleraies au niveau de la pliure. Cette surpiqûre plaquera votre velours au lin. Votre ensemble dos de tête est terminé.

24. Utilisez votre gabarit tête pour marquer la ligne de démarcation tête/cou.

25. Prenez votre ensemble dos de tête de l'étape 23 et votre devant de tête.

26. Placez votre devant de tête endroit contre endroit votre ensemble dos de tête. La ligne du cou se superpose avec la démarcation velours milleraies/lin. Épinglez et piquez directement sur le trait de la tête dessiné à l'étape 19. Laissez une ouverture par le bas du cou pour pouvoir retourner.

27. Découpez le surplus du rectangle destiné au dos.

28. Retournez sur l'endroit par le cou.

29. Rembourrez la tête avec de la ouate. N'hésitez pas à en mettre beaucoup. Avec le temps, la ouate va se tasser. Réservez.

30. Pour le reste du montage, référez-vous au montage du corps de Zélie qui est identique.

31. Prenez un peu d'encre à tampon fuchsia et à l'aide d'un coton tige, tamponnez délicatement les pommettes pour les faire rosir.

La robe baby doll de May-Li

Fournitures

Les mesures sont données sur laize.

- 30 cm de coton imprimé ou popeline
- 2 jeux de pressions résine pour fermer la robe

Dimensions : 22 cm de longueur
Difficulté : ★

Patron

Les marges de couture de 0,5 cm sont comprises.

Planche 4 - Patron MARRON

La robe se décompose en 2 parties : la partie haute que j'appellerai la bustier et la partie basse froncée.

Seules les pièces du bustier sont sur planche patron. Pour la partie basse froncée de la robe, veuillez reporter les mesures ci-jointes.

Elles sont données en **hauteur x longueur**.

Bustier : Coupez dans le coton imprimé 2 x devant du bustier, 2 x dos A du bustier et 2 x dos B du bustier.

Partie basse froncée : Coupez dans coton imprimé 1 rectangle de 20 x 65 cm.

Confection

1. Prenez votre rectangle de coton imprimé de 20 x 65 cm destiné à la partie basse froncée et surfilez le haut supérieur de 65 cm en faisant des points zig zag avec votre machine à coudre sur toute la longueur. Vous pouvez utiliser une surjeteuse si vous en avez une.

2. Prenez votre première largeur de 20 cm et faites un premier rentré de 1 cm, repassez et refaites à nouveau un rentré de 1 cm. Repassez votre ourlet.

Mes conseils

Pour coudre du coton ou de la popeline, utilisez une aiguille universelle de taille 70 et le pied standard de votre machine à coudre. Cette robe peut être également cousue pour Zélie.

3. Piquez sur votre ourlet à 0,75 cm du bord pour le fixer. Prenez un fil de couleur coordonné au tissu.

4. Refaites les étapes 2 et 3 avec la seconde largeur de votre rectangle.

5. Prenez la longueur du bas et faites l'ourlet. Pour ce faire, faites un premier rentré de 1,5 cm, repassez et faites un second rentré de 1,5 cm. Repassez et faites une première piqûre à 0,5 cm du bord, puis une seconde à 1 cm du bord.

6. Réglez la longueur du point droit de votre machine à 5. Nous allons faire des fronces, la longueur du point doit être au maximum pour pouvoir froncer facilement le tissu.

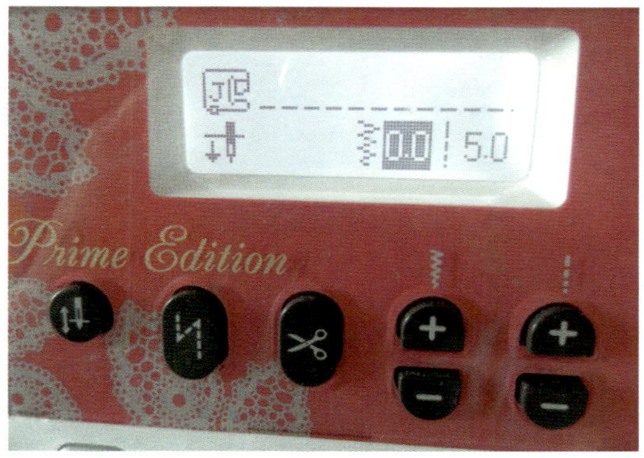

7. Changez le fil de votre canette, prenez une couleur dans la même tonalité que celle de l'enfilage supérieur mais cependant différente. En effet, pour froncer le tissu, nous allons tirer seulement sur le fil de la canette. En utilisant une couleur différente, nous ne tirerons pas sur le fil de l'enfilage supérieur. Faites une piqûre sur toute la longueur du haut supérieur (celui de l'étape 1) à 1 cm du bord. **Faites une piqûre de renfort au début. Laissez à la fin au moins 15 cm de fil !**

8. Tirez doucement sur le fil de la canette, votre tissu va se froncer. Répartissez les fronces de façon équilibrée. Arrêtez de tirer sur le fil de la canette lorsque le haut supérieur de votre tissu froncé mesure 32 cm. Réservez la partie basse froncée de votre robe.

9. Prenez toutes les pièces destinées à votre bustier. Elles sont en double car votre bustier sera doublé pour une question d'esthétique.

10. Prenez un des devants du bustier ainsi qu'une partie A dos et une partie B dos.

11. Nous allons raccorder le devant du bustier avec la partie A dos et la partie B dos par les épaules. Placez vos pièces endroit contre endroit, les emmanchures se juxtaposent ainsi que les épaules.
Piquez les épaules à 0,5 cm du bord.

12. Refaites l'étape précédente pour la doublure du bustier. Repassez les coutures des épaules pour les aplatir. Vous obtenez un extérieur de bustier et une doublure de bustier identiques.

13. Placez votre extérieur de bustier et votre doublure endroit contre endroit.

14. Faites une piqûre au niveau des emmanchures à 0,5 cm des bords. Ne piquez qu'à l'endroit arrondi où sont positionnées les pinces.

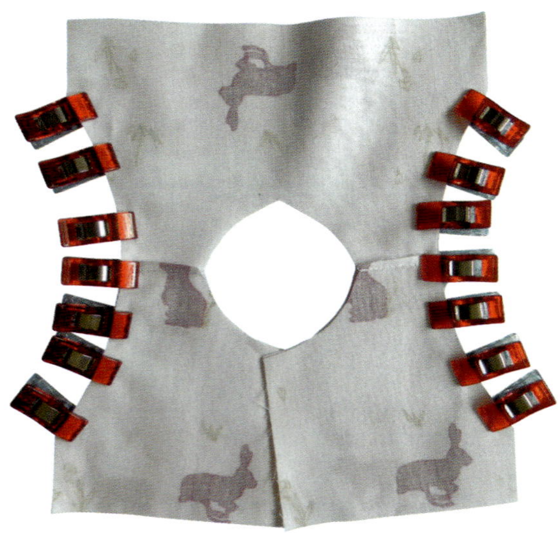

15. Faites une piqûre sur tout le pourtour interne où sont placées les pinces à 0,5 cm du bord.

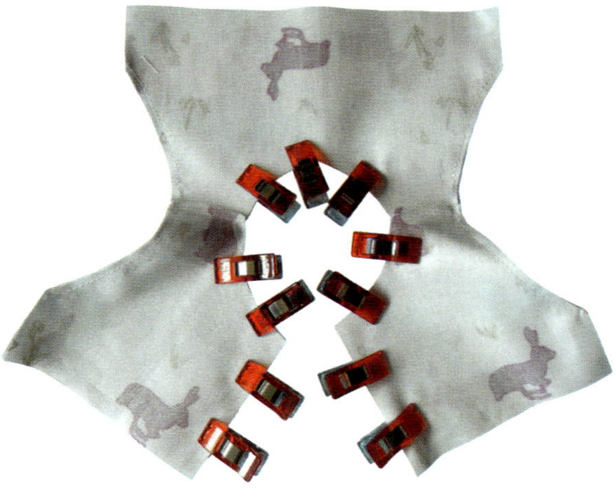

16. Crantez les arrondis. Allez-y doucement et faites attention de ne pas cranter sur les coutures !

17. Retournez sur l'endroit par les épaules. Vous pouvez utiliser une petite pince pour vous aider si le passage est trop étroit.

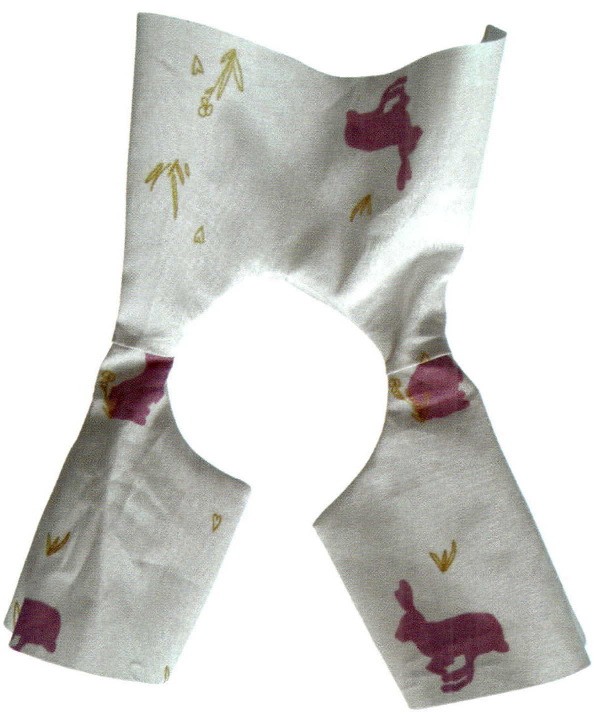

18. Repassez votre bustier. Si vous le souhaitez, vous pouvez faire une surpiqûre au niveau des emmanchures et du pourtour interne.

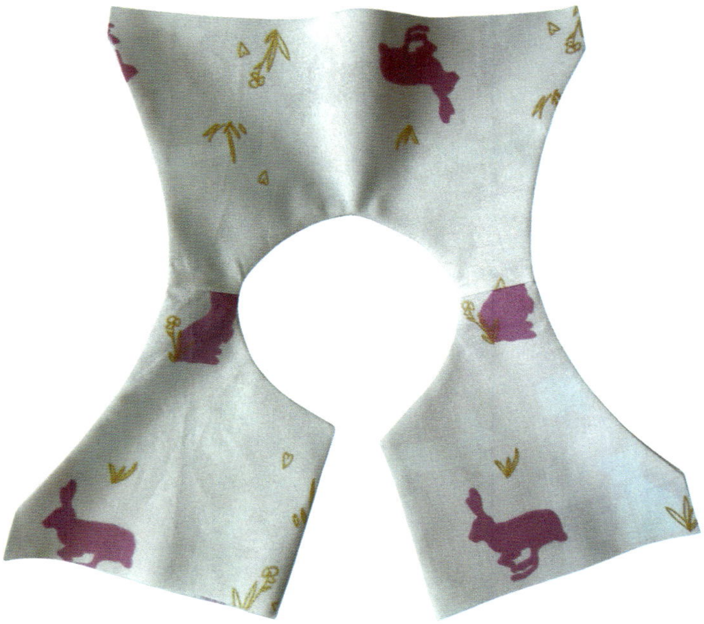

19. Sous les emmanchures, vous avez environ 2 cm sur les côtés qui ne sont pas cousus. Je les ai marqués sur la photo avec des pinces sur un côté. Placez endroit contre endroit le côté contenant la pince rouge et le côté contenant la pince rose. Ensuite placez endroit contre endroit le côté contenant la pince bleue et le côté contenant la pince jaune. Faites une piqûre sur l'arrondi. Faites la même opération de l'autre côté.

20. Votre bustier est cousu. Surfilez la partie du bas, celle qui contient les pinces, à l'aide de votre machine à coudre en faisant des points zig zag. Vous pouvez utiliser une surjeteuse si vous en avez une.

21. Prenez votre partie basse froncée et placez le haut supérieur endroit contre endroit avec le bas du bustier. Répartissez de façon équilibrée les fronces et épinglez bien pour plus de facilité lors de la couture.

22. Faites une piqûre à 1 cm du haut supérieur de la partie basse froncée. Le montage de votre robe est terminé.

23. Passez votre robe sur la poupée afin de marquer les repères de vos pressions résine. Ici je n'en ai mis que 2 sur le bustier mais vous pouvez également en placer sur la partie basse froncée.

24. Votre robe est terminée. Si vous souhaitez une robe plus courte ou un haut, réduisez la hauteur de la partie basse froncée. Vous pouvez la rallonger également et rajouter un jupon en tulle par dessous.

Les accessoires de May-Li

Fournitures

Pour la couronne de fleurs :

- 2 petits bouquets de fleurs en tissu montés sur une tige de fil de fer
- Si vous n'avez pas de bouquets de fleurs sur tissu montés sur une tige de fleur, vous pouvez acheter une petite couronne de fleurs sur élastique, l'adapter sur la tête de la poupée et la coudre aux extrémités.

Pour les chaussures :

- Un rectangle de simili-cuir souple noir de 10 x 20 cm
- 2 grosses perles en plastique de 0,3 mm

Pour le sac fleur :

- Des chutes de simili-cuir de plusieurs couleurs
- Un petit morceau de lacet en suédine ou cordelette de 35 cm
- Un peu de colle type glue pour pré-coller les pièces avant de les coudre
- 2 petits œillets (facultatif)

Difficulté : ★

Je vous déconseille de mettre la couronne qui contient du fil de fer si la poupée est destinée à être manipulée par un enfant. Préférez une couronne de fleurs à élastique. Cependant si la poupée est hors de portée et décorative, cela ne pose aucun problème.

Patron

Les marges de couture sont comprises pour les chaussures et le sac, elles vous seront données en cours de confection.

Planche 1 - Patron NOIR

Chaussures : Coupez dans le simili-cuir noir 2 x chaussure (en miroir !) et 2 x semelle.

Sac fleur : Coupez dans le simili-cuir blanc 2 x cœur de la fleur. Coupez dans le simili-cuir bleu et rose et jaune 2 x pétale. Coupez dans le simili-cuir noir 2 x yeux. Coupez dans le simili-cuir fuchsia 2 x pommette.

Mes conseils

Les petits bouquets de fleurs de tissus sur tige de fer sont disponibles dans les boutiques ayant des articles pour les mariages, les communions ou les loisirs créatifs. Vous pouvez dessiner les yeux du sac fleur avec un marqueur permanent si vous préférez.

Confection

Confection de la couronne de fleurs :

1. Prenez vos 2 petits bouquets de fleurs.

2. Entremêlez vos fils de fer entre eux pour ne former qu'une seule et même tige de fleurs. Au début et à la fin, faites un arrondi avec les petits fils de fer pour que les extrémités ne piquent pas.
Répartissez de façon équilibrée les fleurs.

3. Placez la couronne sur la tête de May-Li et fixez-la en cousant les extrémités sur le bonnet de tête avec un fil de même tonalité que ce dernier.

Confection des chaussures :

4. Prenez vos parties destinées aux chaussures.

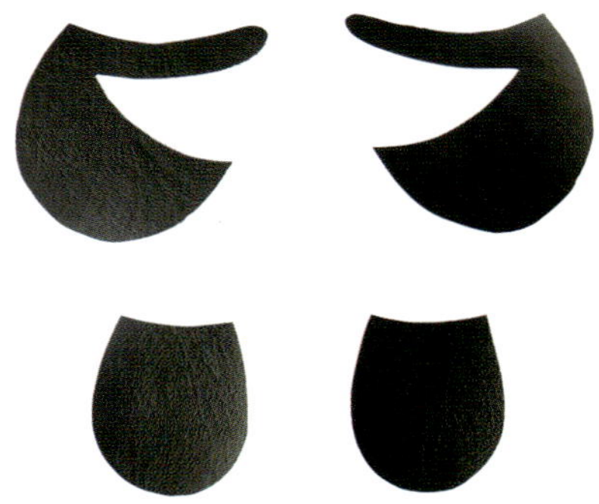

5. Placez votre dessus de chaussure sur votre semelle envers contre envers. Placez des pinces sur tout le pourtour pour bien maintenir. Évitez les épingles qui troueraient votre simili.

6. Piquez tout le pourtour de la chaussure à 0,3 cm du bord. Utilisez un pied Téflon.

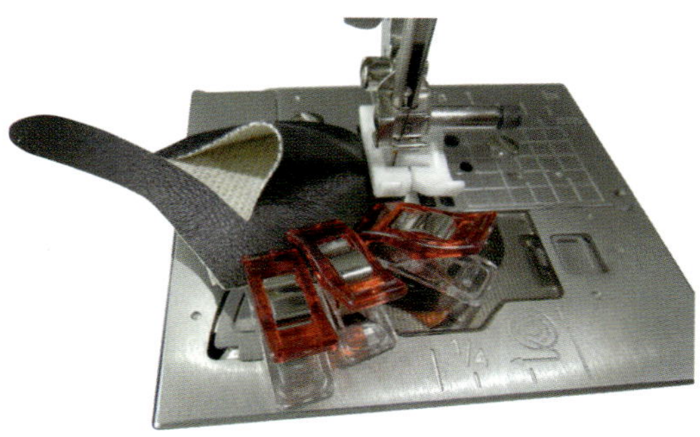

7. Vos chaussures sont cousues.

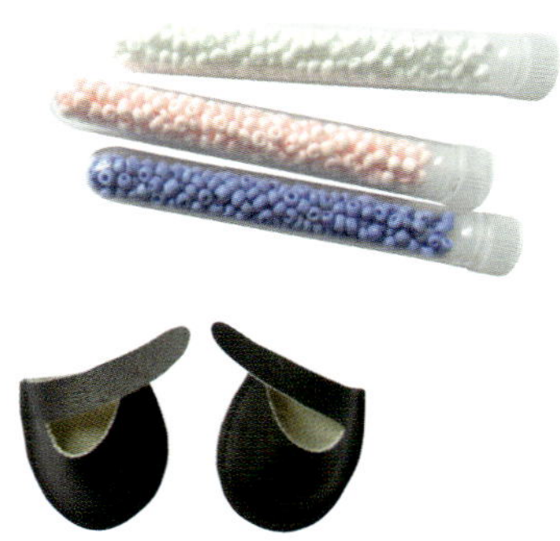

8. Prenez une grosse perle et cousez-la à la main sur le côté opposé à la bride comme sur la photo.

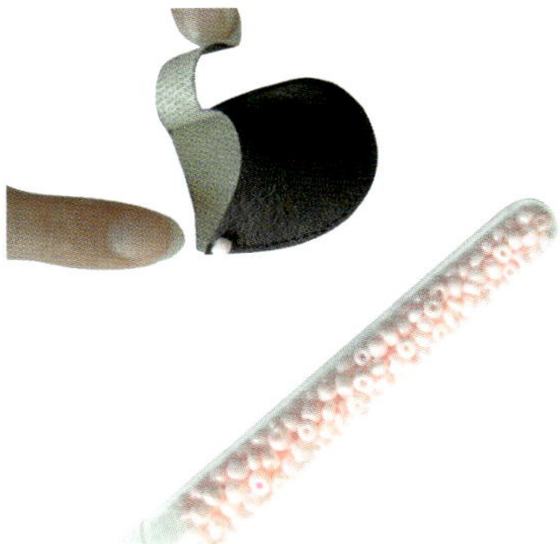

9. Après avoir enfilé la chaussure sur le pied de la poupée, passez la bride de la chaussure sur le pied et marquez l'endroit où se situe la perle avec un stylo. Enlevez la chaussure et percez un trou avec une pince type perforatrice. Le trou doit être légèrement plus petit que le diamètre de la perle pour que la bride tienne une fois enfoncée sur la perle.

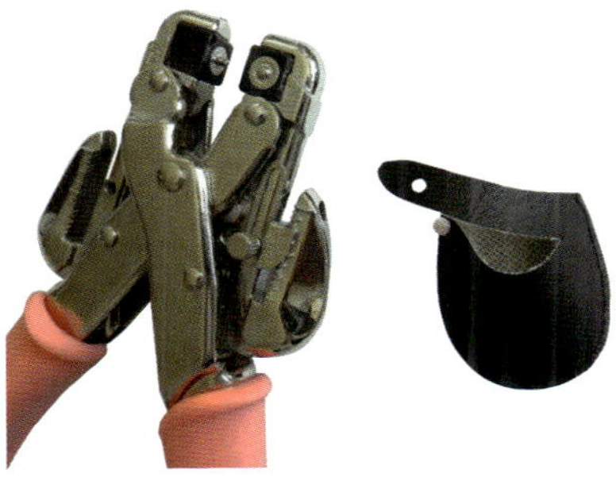

10. Refaites les étapes 8 et 9 avec la seconde chaussure.

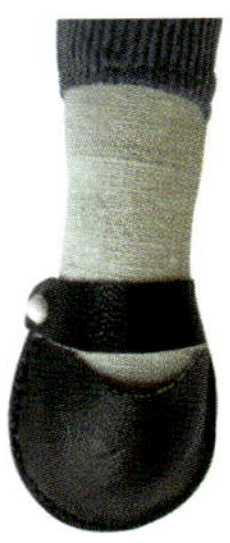

Confection du sac fleur :

11. Prenez toutes vos pièces destinées au sac fleur.

12. Prenez le devant du cœur de la fleur blanc et collez-y les yeux et les pommettes en vous servant des repères du patron. Vous pouvez les coudre si vous préférez.
Placez les pétales en vous aidant du patron.

13. Collez les extrémités des pétales sous le devant du cœur de la fleur comme sur la photo.

14. Prenez le dos du cœur de la fleur et placez-le envers contre envers avec le devant. Faites une piqûre sur tout le pourtour en partant et en terminant aux extrémités des pétales bleues.

15. Placez vos petits œillets sur le dos du cœur de la fleur. Passez-y votre cordelette en suédine et faites deux petits nœuds aux extrémités. Vous pouvez laisser les nœuds à l'intérieur si vous préférez.

Tiago le renard super-héros

Fournitures

Les mesures sont données sur laize :

- 40 cm de minkee (ou velours grosses côtes ou velours milleraies) pour le corps
- Un petit morceau de simili-cuir noir de 8 x 20 cm pour le masque super héros, le nez et les yeux
- Un petit morceau de simili-cuir blanc de 15 x 20 cm pour le museau
- Un petit morceau de simili-cuir rose de 10 x 10 cm pour les pommettes
- Un petit morceau de simili-cuir rouge, blanc ou gris de 10 x 10 cm pour l'étoile du super héros
- 2 carrés de cotons imprimés de 17 x 17 cm pour les bras
- 2 morceaux de cotons imprimés de 26 x 24 cm (hauteur x longueur) pour la cape et 2 morceaux de cotons imprimés de 12 x 35 cm (hauteur x longueur) pour le système de nouage du cou
- 16 cm d'élastique plat de 6 mm de large pour la cape
- De la ouate de rembourrage (environ 200 g) pour rembourrer le renard
- De la colle textile pour pré-coller les éléments du museau avant de les coudre (ou du scotch double face). Pour les yeux, vous pouvez aussi utiliser des yeux sécurisés de 20 mm de diamètre, c'est selon votre convenance. Vous pouvez aussi les dessiner avec un marqueur textile.

Dimensions : 36 x 17 cm et 300 g de courage
Difficulté : ★

Patron

Les marges de couture de 0,75 cm sont comprises.

Planche 4 - **Patron ROUGE**

Coupez dans le minkee : 1 x devant et 1 x dos.

Coupez dans le simili-cuir blanc : 1 x museau et à l'aide d'une perforatrice 2 x pupilles.

Coupez dans le simili-cuir noir : 1 x masque, 1 x nez, 2 x yeux.

Coupez dans le simili-cuir fuchsia : 2 x pommettes.

Coupez dans le simili-cuir de votre choix : 1 x étoile.

Cape : Coupez dans le coton imprimé A et coton imprimé B 1 rectangle de 26 x 24 cm.

Système de nouage du cou : Coupez dans le coton imprimé 2 rectangles de 12 x 35 cm.

Bras : Coupez dans le coton imprimé 2 carrés 17 x 17 cm.

Mes conseils

Pour coudre le minkee, utilisez le pied standard de votre machine à coudre et une aiguille universelle de taille 80. J'ai décliné les yeux de ce renard de 3 façons différentes pour que vous puissiez choisir celle que vous préférez mais rien ne vous empêche de coudre des triplés. Si vous préférez remplacer les yeux ronds par des yeux endormis ou rieurs, placez-les au même endroit que les yeux ronds. L'étoile est centrée sur le renard orange mais vous pouvez la mettre plus bas ou plus haut.

Confection

1. Prenez vos pièces destinées au museau.

2. Servez-vous des repères du patron pour positionner les yeux et les pommettes. Collez-les à l'aide de la colle textile pour vous faciliter la couture.

3. Piquez les pommettes et les yeux. Utilisez un fil de la même tonalité pour un côté esthétique. Piquez lentement et rentrez vos fils à l'aide d'une aiguille. Faites un nœud au dos pour éviter que cela ne se découse.

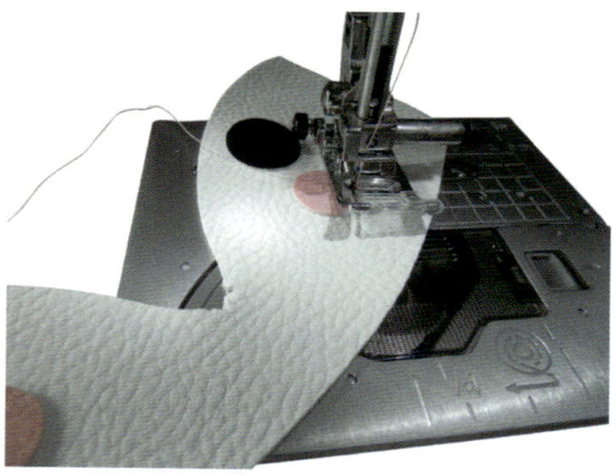

4. Collez vos pupilles blanches sur vos yeux noirs. Faites un point à la main sur le dessus avec du fil blanc pour éviter que cela ne se décolle.

5. Placez votre museau sur le devant extérieur du renard en minkee à l'aide des repères du patron. Placez un peu de scotch double face dessous. Maintenez à l'aide de pinces et piquez les bords du simili-cuir avec un pied Téflon.

6. Collez le nez avec de la colle textile et piquez-le. Placez le masque et placez un peu de scotch double face par dessous. Maintenez les côtés avec des pinces et piquez les bords de ce dernier.

7. Placez du scotch double face sous l'étoile ou utilisez du masking tape pour qu'elle ne bouge pas pendant la couture. Piquez-la. Vous pouvez la mettre plus haut ou plus bas selon votre convenance.

8. Prenez vos deux carrés de coton imprimés de 17 x 17 cm destinés aux bras.

9. Placez-les endroit contre endroit et épinglez les bords pour éviter que cela ne bouge lors de la couture.

10. Prenez votre gabarit bras et reportez le gabarit x 2 directement sur l'envers du tissu à l'aide d'un stylo. Piquez directement sur le trait de stylo sauf la largeur du haut.

11. Découpez le pourtour de vos bras et crantez les arrondis. Retournez sur l'endroit et repassez.

12. Prenez vos 2 morceaux de coton imprimés de 12 x 35 cm destinés au système de nouage du cou et placez-les endroit contre endroit. Épinglez-les sur les bords pour éviter qu'ils ne bougent lors de la couture.

13. Reportez deux fois votre gabarit système de nouage du cou sur l'envers de votre coton à l'aide d'un stylo. Piquez directement sur le trait sauf sur les largeurs opposées aux arrondis.

14. Découpez le pourtour, crantez les arrondis, retournez sur l'endroit et repassez.

15. Faites un nœud façon nœud coulant avec vos 2 parties.

16. Il est normal qu'une partie soit plus longue que l'autre !

17. Repliez les bandes en 2 dans le sens de la largeur.

18. Positionnez le système de nouage du cou en vous servant des repères du patron. Placez le nœud coulant dans l'axe de la truffe.
Coupez les longueurs qui dépassent du cou et épinglez les extrémités.

19. Placez les bras et piquez les extrémités à 0,5 cm du bord. Piquez les extrémités du système de nouage du cou à 0,5 cm du bord pour plus de facilité lors du montage.

20. Placez votre dos extérieur endroit contre endroit votre devant extérieur et épinglez le pourtour.

21. Piquez tout le pourtour à 0,75 cm du bord en laissant une ouverture de 10 cm sur le côté pour pouvoir retourner sur l'endroit. Vous pouvez surfiler tout le pourtour si vous le souhaitez.

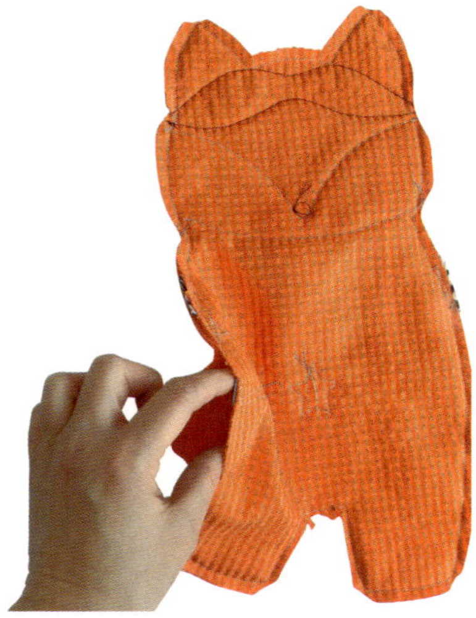

22. Retournez le renard sur l'endroit par l'ouverture. Rembourrez-le avec de la ouate et fermez discrètement l'ouverture à la main.

23. Prenez vos rectangles de cotons imprimés A et B de 26 x 24 cm destinés à la cape et placez-les endroit contre endroit. Piquez tout le pourtour en laissant une ouverture pour pouvoir retourner. Retournez sur l'endroit et faites un rentré de 1 cm au niveau de l'ouverture. Surpiquez tout le pourtour, cette dernière fermera en simultané l'ouverture.

24. Faites un revers de 2 cm sur le haut supérieur de la cape. Piquez sur toute la longueur de la piqûre de la surpiqûre.

25. Prenez une grosse épingle à nourrice ou une aiguille pour poupées et insérez-y votre élastique plat de 16 cm.

26. Rentrez votre élastique plat de 16 cm dans le revers de 2 cm de l'étape 24. Bloquez les extrémités. Votre cape est légèrement froncée.

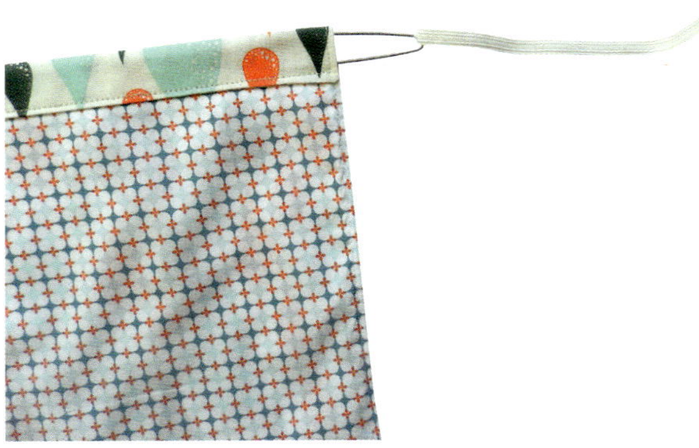

27. Piquez les extrémités à la machine à coudre pour fixer l'élastique plat.

28. Votre cape est terminée.

29. Fixez les extrémités du haut supérieur de la cape au cou de Tiago en faisant des points à la main.

Autour des sacs et pochettes adulte

ZAP
EP YOUR EYES
WIDE OPE

Sac Thelma

Fournitures

Les mesures sont données sur laize.

- 50 cm de suédine d'ameublement (ou simili-cuir) pour l'extérieur, la poche de devant et la doublure de rabat de poche
- 30 cm de Liberty pour le rabat de poche et la doublure de poche du dos
- 50 cm de coton imprimé pour la doublure et la doublure de poche du dos
- 1 rectangle de cuir de 20 x 25 cm pour la patte de fermeture du rabat, la patte fixée au rabat et le pompon en cuir de la fermeture Éclair
- 1 morceau de Vlieseline thermocollante type H250 pour le rabat de poche
- 1 fermeture Éclair de 50 cm pour la fermeture du sac
- 1 fermeture Éclair de 20 cm pour la poche zippée du dos
- Des poignées pré-percées de 60 cm
- Un petit morceau de biais pour la customisation de la poche zippée dorsale
- 1 boucle coulissante de 25 x 13 mm pour la patte fixée au rabat
- 1 petit anneau brisé de 1 cm de diamètre pour le pompon de la fermeture Éclair
- 5 cm de lacet en suédine pour le pompon de la fermeture Éclair
- 1 vis chicago en laiton nickelé de 9 mm pour la patte du rabat ou un rivet.

Dimensions : 37 x 30 cm
Difficulté : ★ ★

Patron

Les marges de couture de 0,75 cm sont comprises sauf pour le rabat de poche de devant.

Planche 2 - Patron VERT

Sur ce modèle, seuls le pompon et la patte de fermeture ne sont pas sur planche patron, veuillez reporter les mesures ci-jointes.
Les mesures sont données en **hauteur x longueur**.

Extérieur : Coupez dans la suédine 1 x devant, 1 x dos et 1 x fond.

Doublure : Coupez dans le coton 1 x devant, 1 x dos et 1 x fond.

Poche de devant : Coupez dans la suédine 2 x poche de devant (ma doublure est aussi en suédine).

Rabat de poche de devant : Prenez un rectangle de suédine de 17 x 27 cm et un rectangle de Liberty de 17 x 27 cm au préalablement thermocollé sur l'envers avec de la Vlieseline. Reportez votre gabarit rabat sur l'envers de votre Liberty placé endroit contre endroit avec la suédine. Piquez sur le trait de crayon en laissant une ouverture de 10 cm sur le haut supérieur pour pouvoir retourner sur l'endroit.

Pattes de fermeture : Coupez dans le cuir 1 x patte de rabat et 1 bande de 2,5 x 22 cm.

Doublure de poche dorsale : Coupez dans le coton **et** le Liberty 1 rectangle de 22 x 28 cm.

Pompon : Coupez dans le cuir 1 rectangle de 6 x 13 cm.

Confection

1. Prenez votre extérieur poche de devant et votre bande de cuir de 2,5 x 22 cm destinée à la patte de fermeture. Placez-les endroit contre endroit sur le bas au milieu et piquez-la à 0,5 cm du bord.

2. Prenez votre doublure de poche (ici en suédine) et placez-la endroit contre endroit avec votre extérieur poche.

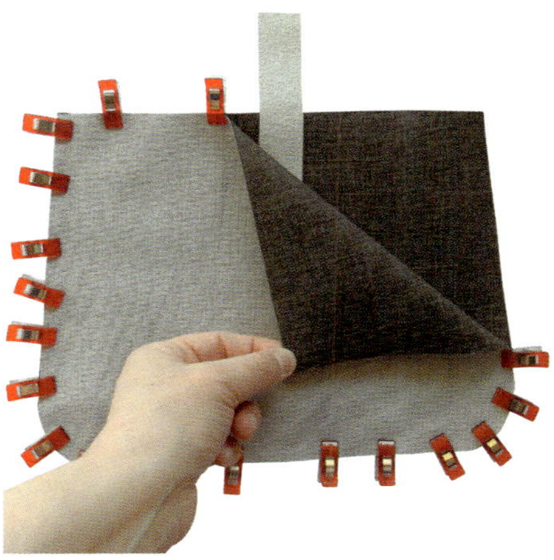

3. Piquez tout le pourtour en laissant une ouverture de 10 cm sur le haut supérieur. Coupez les angles des côtés à ras et crantez les arrondis.

4. Retournez votre poche sur l'endroit et faites une surpiqûre seulement sur le haut supérieur. Cette dernière fermera l'ouverture.

5. Placez des petites pinces sur le pourtour de votre poche pour bien l'aplatir. Épinglez la poche au devant extérieur en vous servant des repères du patron. Si vous utilisez une matière comme du simili-cuir, utilisez du scotch repositionnable pour éviter les trous. Piquez le pourtour de la poche pour la fixer au devant extérieur.

6. Préparez votre rabat de poche comme indiqué dans la partie « Patron ».

Mes conseils

Pour coudre de la suédine, utilisez le pied standard de votre machine à coudre et une aiguille universelle de taille 90 ou 100. Pour coudre votre patte en cuir, utilisez votre pied Téflon et une aiguille spécial cuir de taille 90 ou 100. Ma suédine étant assez épaisse, je n'ai pas vlieseliné la doublure mais si vous souhaitez un sac plus rigide, n'hésitez pas à en mettre sur l'extérieur de votre doublure. Comptez 50 cm sur laize supplémentaire.

7. Crantez les arrondis.

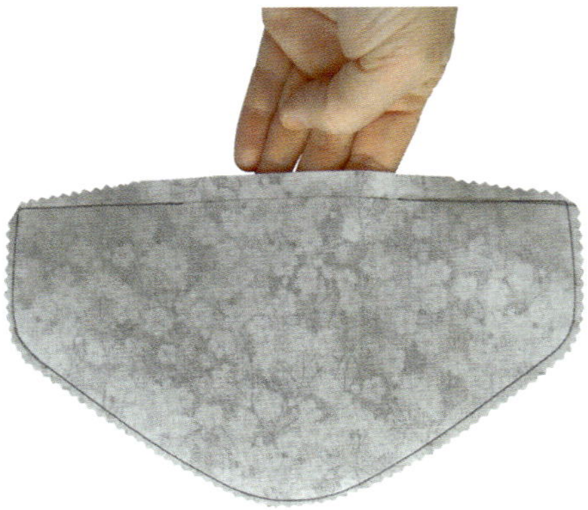

8. Retournez votre rabat sur l'endroit par l'ouverture laissée dans le haut supérieur et surpiquez le pourtour **sauf le haut supérieur** !

9. Piquez votre patte de rabat sur le bout arrondi comme sur la photo. Référez-vous aux étapes 5, 6, 7, 8, 9, et 10 du sac Isaure (page 87 et 88) pour fixer la boucle coulissante et la vis chicago.

10. Placez votre rabat de poche au dessus de votre poche en vous servant des repères patron. Piquez le haut supérieur, cette piqûre fermera en simultané l'ouverture laissée dans le haut du rabat.

11. Passez votre patte de fermeture dans la boucle coulissante et coupez en biais l'embout de votre patte selon la longueur que vous souhaitez.

12. Prenez votre fermeture Éclair de 50 cm et marquez au stylo le milieu de sa longueur. Ce repère vous sera très utile lors du montage. Marquez également le milieu du haut supérieur du devant extérieur. Placez votre fermeture Éclair endroit contre endroit avec le haut supérieur et bord à bord en faisant coïncider les milieux. Épinglez. Dans les arrondis, crantez légèrement la fermeture Éclair pour plus de facilité.

13. Piquez la fermeture Éclair au devant extérieur. Utilisez votre pied à fermeture Éclair.

14. Votre première partie de la fermeture Éclair est piquée au devant extérieur. On peut voir sa couture en blanc.

15. Prenez votre devant doublure et placez-la endroit contre endroit avec votre devant extérieur. Je vous conseille d'ouvrir votre fermeture Éclair pour plus de facilité. Épinglez.

16. Piquez sur la première piqûre en blanc, celle de l'étape 14, c'est votre repère.

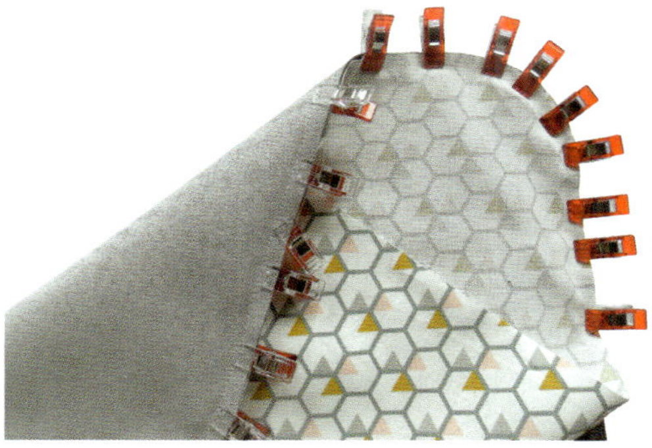

17. Retournez votre doublure de façon à ce qu'elle se retrouve envers contre envers votre devant extérieur. Faites une surpiqûre le long de la fermeture Éclair. Réservez.

18. Prenez votre dos extérieur et sur l'envers dessinez une fenêtre de 1 x 20 cm avec un stylo. Elle est située au milieu à 13 cm du haut supérieur.

19. Sur l'endroit du dos extérieur, épinglez votre premier rectangle en coton étoile destiné à la doublure de poche dorsale de 22 x 28 cm. Il est situé à 8 cm du haut supérieur. Centrez-le.

20. Piquez sur la fenêtre au stylo de l'étape 18. Vous piquez en simultané le dos extérieur et la doublure de poche dorsale.

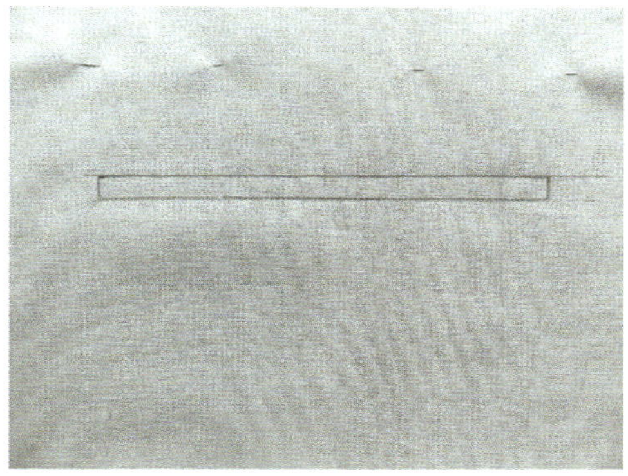

21. Faites une fente dans votre fenêtre cousue. Coupez bien à ras dans les angles.

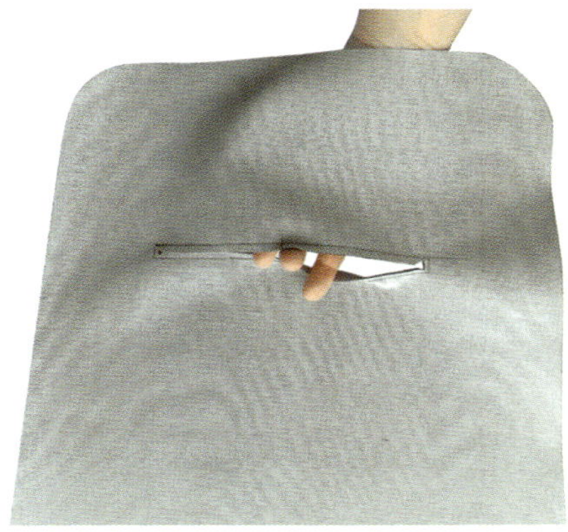

22. Faites passer la doublure de poche à travers la fente.

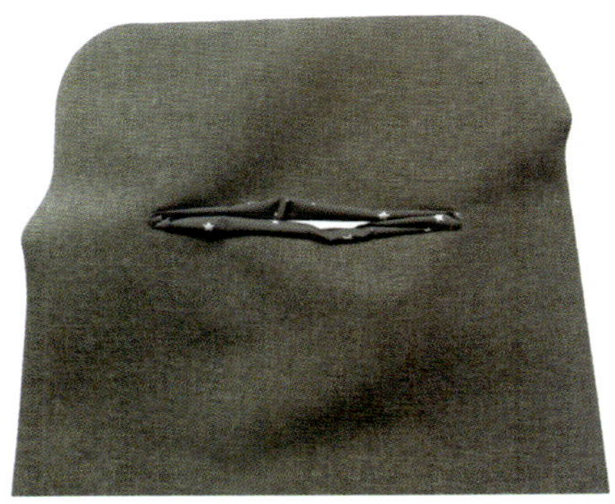

23. Prenez votre fermeture Éclair et placez-la dans la petite fenêtre. Épinglez bien pour maintenir.

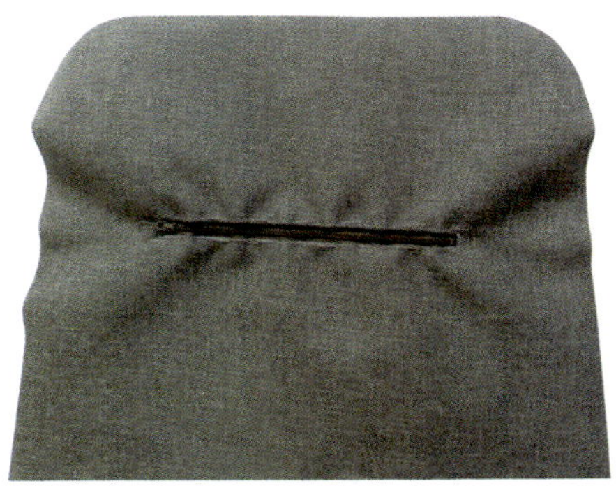

24. De dos vous obtenez ceci :

25. Piquez tout le pourtour de la petite fenêtre pour fixer la fermeture Éclair.

26. Prenez votre second rectangle de 22 x 28 cm en Liberty destiné à votre doublure de poche et placez-le endroit contre endroit avec le premier coton à étoiles.

27. Piquez ensemble le tour du coton étoile et du Liberty. **Ne piquez pas le dos extérieur !**

28. Refaites les étapes 12, 13 et 14 pour la seconde partie de la fermeture Éclair et le dos extérieur.

29. Refaites les étapes 15, 16 et 17 pour la doublure et le dos extérieur. Votre partie de devant doit être prise en sandwich entre la doublure et le dos extérieur. Attention de ne pas la piquer !

30. Vos 2 parties devant/doublure et dos/doublure sont maintenues par le curseur de la fermeture Éclair.

31. Placez votre dos extérieur endroit contre endroit avec votre devant extérieur et vos doublures dos/devant endroit contre endroit. N'oubliez pas d'ouvrir votre fermeture Éclair sinon vous ne pourrez pas retourner sur l'endroit !

32. Piquez les côtés des extérieurs puis les côtés des doublures.

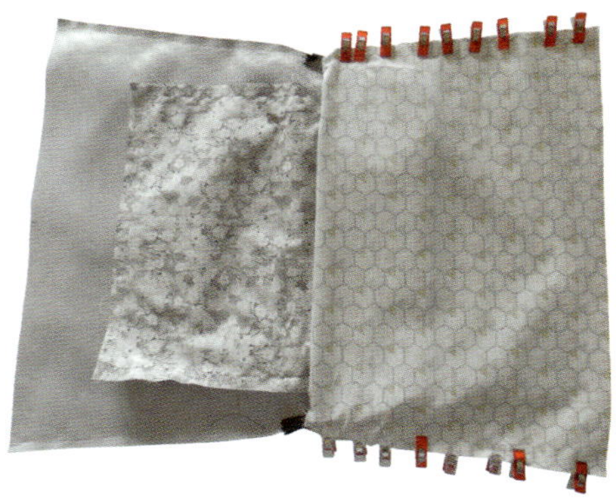

33. Assemblez le fond de la doublure avec les doublures devant/dos sur l'envers. N'oubliez pas de laisser une ouverture dans le fond pour pouvoir retourner !

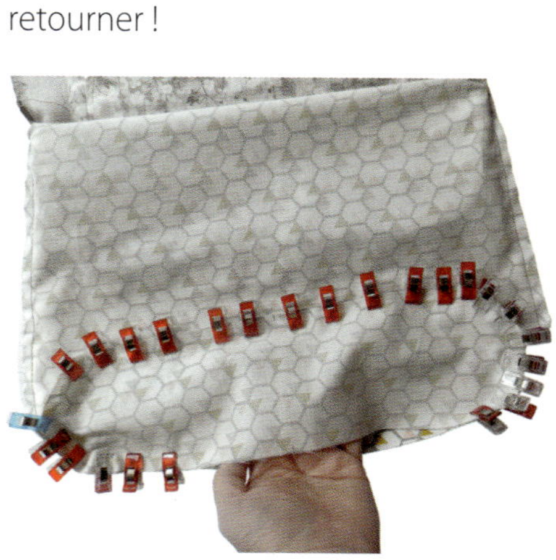

34. Assemblez le fond de l'extérieur avec le dos et le devant extérieur sur l'envers. Pour plus de facilité je marque les milieux du fond (longueur et largeur) et les milieux du bas de mes extérieurs dos et devant. Puis je fais coïncider les milieux pour que mon fond soit bien positionné.

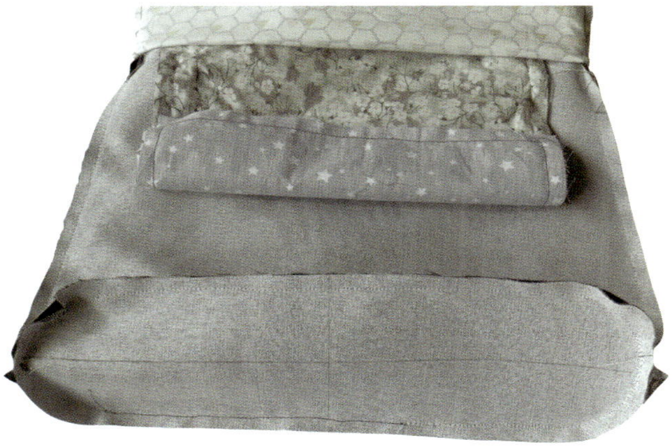

35. Retournez sur l'endroit par l'ouverture laissée dans la doublure.

36. Fermez l'ouverture de la doublure à points discrets, puis rentrez la doublure dans le sac.

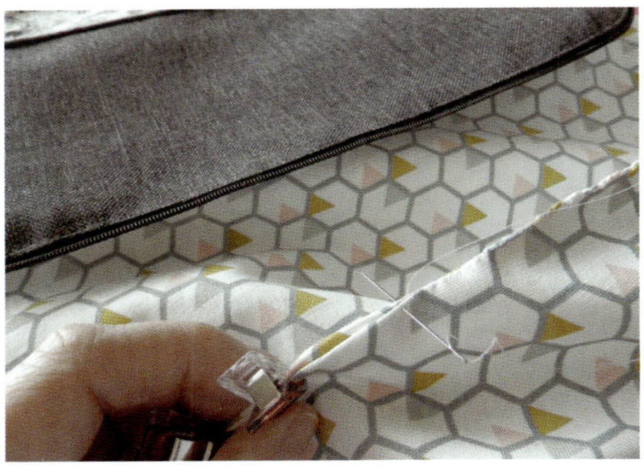

37. Prenez vos 5 cm de lacet en suédine et collez les extrémités entre elles. Référez-vous à la pochette L'amour maternel pour faire le pompon (page 99). Insérez l'anneau brisé dans le lacet en suédine.

38. Votre pompon est prêt, accrochez-le au curseur de votre fermeture Éclair.

39. Fixez vos poignées sur le devant extérieur avec une couture à la main.

Sac Grace

Fournitures

Les mesures sont données sur laize.

- 70 cm de simili-cuir pour l'extérieur, le rabat, la poche dorsale, la poignée et la bandoulière
- 1 m de coton et/ou Liberty pour les bandes insérées dans le rabat, la doublure du rabat, de la poche dorsale, de la bandoulière, de la poignée, les bandes de côté destinées à cacher la couture des pattes en cuir, la poche intérieure et la doublure du sac
- 1 fermeture à glissière de 20 cm pour la poche intérieure
- 1 petit morceau de cuir de 25 x 10 cm pour les pattes en cuir servant à la fermeture, un petit morceau de 3 x 18 cm pour les pattes de côté contenant les passants rectangulaires et un morceau de 15 x 8 cm pour les pattes de la bandoulière
- 50 cm de Vlieseline thermocollante type H250 pour la doublure du sac et la doublure de la poignée
- 2 passants rectangulaires de 30 x 10 mm pour les bandes insérées dans le rabat
- 2 boutons de col de vis T4 pour la fermeture des pattes en cuir
- 2 passants rectangulaires de 30 x 10 mm pour les pattes de côté
- 4 rivets ou 4 jeux de pressions résine pour fixer la bandoulière.

Dimensions : 28 x 27 cm
Difficulté : ★ ★

Patron

Les marges de couture sont comprises. Elles sont de 0,75 cm.

Planche 4 - Patron VERT

Sur ce modèle, seuls le dos, le devant, la poche dorsale, le rabat et les pattes de fermeture en cuir sont sur planche patron. Pour le reste, veuillez reporter les mesures ci-jointes. Elles sont données en **hauteur x longueur**.

Coupez dans le simili-cuir : 1 x devant extérieur, 1 x dos extérieur, 1 x poche dorsale, 1 x rabat, 1 rectangle de 8 x 35 cm pour le fond extérieur, 2 rectangles de 28,5 x 8 cm pour les côtés extérieurs,1 bande de 6 x 22 cm pour la poignée et 1 bande de 6 x 100 cm pour la bandoulière.

Coupez dans le Liberty : 2 rectangles de 23 x 12 cm pour les bandes insérées dans le rabat, 1 bande de 6 x 22 cm pour la doublure de poignée, 1 x rabat et 1 rectangle de 24 x 35 cm pour la doublure de la poche dorsale.

Coupez dans le coton imprimé : 2 rectangles de 6 x 16 cm pour les bandes de côté destinées à cacher la couture des pattes en cuir, 1 x devant doublure, 1 x dos doublure, 1 rectangle de 8 x 35 cm pour la doublure du fond, 2 rectangles de 28,5 x 8 cm pour la doublure des côtés, 1 rectangle de 5 x 14 cm pour les ajouts au niveau de la fermeture Éclair, 2 rectangles de 21 x 33 cm, 2 rectangles de 11 x 33 cm pour la poche interne et 1 bande de 6 x 100 cm pour la bandoulière.

Coupez dans le cuir : 1 bande de 3 x 18 cm pour les pattes de côté contenant les passants rectangulaires, 2 x pattes de fermeture du sac et 2 bandes de 2,5 x 12 cm pour les pattes de la bandoulière.

Coupez dans la Vlieseline thermocollante : 1 bande de 6 x 22 cm pour la poignée, 1 x dos, 1 x devant rectangle de 8 x 35 cm pour le fond et 2 rectangles de 28,5 x 8 cm pour les côtés.

Mes conseils

Pour coudre du simili-cuir et/ou du cuir, utilisez une aiguille spécial cuir ou jean de taille 90 ou 100 et un pied Téflon, rouleau ou double entrainement. Je vous conseille également l'utilisation de petites pinces afin d'éviter les trous dans le simili-cuir. Pour le rabat extérieur, n'utilisez pas une matière qui s'effiloche à cause des incisions dans le tissu. J'ai utilisé des rivets pour fixer la bandoulière, cependant si vous ne vous sentez pas à l'aise avec les rivets et que vous souhaitez que votre bandoulière soit amovible, vous pouvez fixer des pressions en résine à la place. J'ai customisé le sac avec des pompons en cuir. Si vous souhaitez en mettre sur le sac, utilisez le pas à pas du sac l'amour maternel (page 99) pour en coudre.

Confection

1. Prenez votre rectangle de 23 x 12 cm en Liberty destiné aux bandes insérées dans le rabat. Ramenez les longueurs vers le centre comme un biais puis repliez-les en 2 dans le sens de la largeur. Vous obtenez une bande de 23 x 3 cm de 4 épaisseurs.

2. Insérez un passant plat de 30 x 10 mm dans cette bande et faites un revers de 6 cm sur le bas de la bande. Épinglez le revers qui emprisonne le passant.

3. Piquez à la machine tout le pourtour (comme un U) pour que le passant soit emprisonné dans la couture. Utilisez un fil de même tonalité que votre Liberty.

4. Refaites les étapes 1, 2 et 3 avec le second rectangle de 23 x 12 cm de Liberty. Réservez.

5. Prenez le devant extérieur de votre rabat en simili-cuir et entaillez avec précision à l'aide d'un cutter, les repères notés sur le patron.

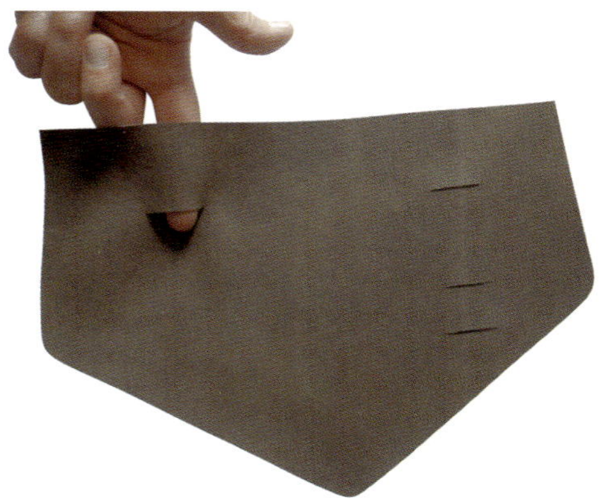

6. Faites passer vos bandes de Liberty dans le rabat comme sur la photo. Le côté couture du revers de la bande doit se trouver au dessous. Faites une piqûre à l'endroit des pinces pour davantage de facilité au moment du montage.

7. Faites une surpiqûre sur tout le pourtour des petits rectangles pour que les bandes ne bougent pas lors de la manipulation du rabat.

8. Prenez votre doublure de rabat au préalablement thermocollée sur l'envers avec de la Vlieseline et placez-là endroit contre endroit votre rabat extérieur. **Pensez à bien rentrer les pattes pour la couture !**

9. Épinglez et piquez tout le pourtour sauf le haut supérieur.

10. Retournez sur l'endroit et faites une surpiqûre à 0,5 cm du bord. Agrandissez la longueur du point.

11. Prenez votre bande de simili-cuir de 6 x 22 cm et votre bande de Liberty de 6 x 22 cm, au préalablement thermocollée sur l'envers avec de la Vlieseline, destinées à la poignée. Placez-les endroit contre endroit et piquez les longueurs à 1 cm du bord. Retournez sur l'endroit et surpiquez les longueurs.

12. Placez votre poignée sur le devant du rabat à 7,5 cm des côtés. Piquez les largeurs (à l'endroit des pinces) de la poignée sur le rabat à 0,5 cm du bord pour plus de facilité lors du montage. Réservez votre rabat.

13. Prenez votre rectangle de Liberty de 24 x 35 cm destiné à la doublure de poche dorsale. Faites un rentré de 2 cm sur le haut supérieur du Liberty, puis à nouveau un second rentré de 2 cm.

14. Prenez votre poche dorsale en simili.

15. Positionnez le revers du Liberty de 2 cm à cheval sur le haut supérieur de la poche en simili. Le Liberty et le simili sont envers contre envers.

16. Faites une piqûre sur les longueurs du revers de 2 cm pour le fixer.

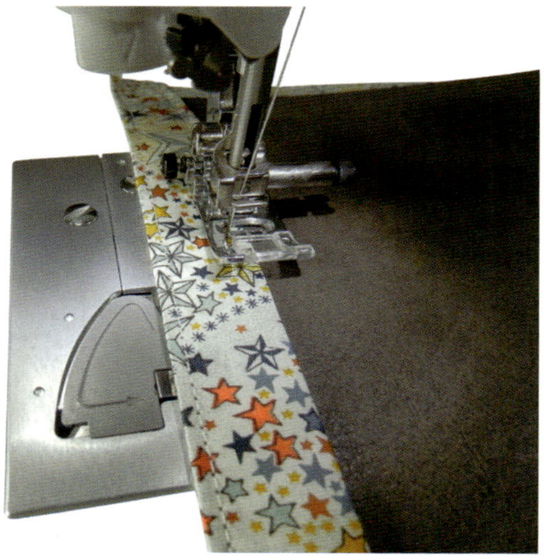

17. Coupez l'excédent de Liberty qui dépasse de la poche en simili-cuir.

18. Placez votre poche sur le dos extérieur en simili. Les bas doivent coïncider. Placez un jeu de pressions résine sur le milieu du revers de 2 cm.

19. Piquez tout le pourtour de la poche à 0,5 cm du bord pour davantage de facilité lors du montage.

20. Coupez vos pattes de fermeture dans le cuir et faites une surpiqûre sur tout le pourtour si vous le souhaitez.

21. Placez vos pattes endroit contre endroit le devant extérieur en simili. Elles sont situées à 7 cm des côtés. Faites une piqûre à la base à 0,5 cm du bord (à l'endroit des pinces sur la photo).

22. Prenez votre rectangle de simili de 8 x 35 cm destiné au fond et placez-le endroit contre endroit avec le devant extérieur. Piquez à 0,75 cm du bord **en commençant et en terminant à 0,75 cm des côtés.**

23. Procédez de la même façon que l'étape précédente pour le dos extérieur et le fond.

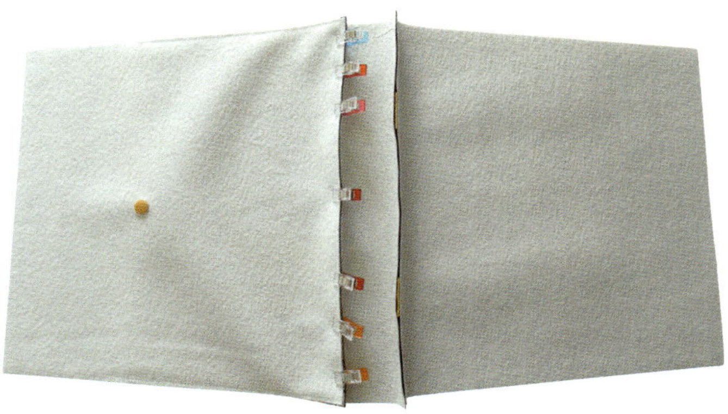

24. Votre devant et votre dos sont cousus au fond.

25. Prenez votre bande de cuir de 3 x 18 cm et surpiquez les longueurs.

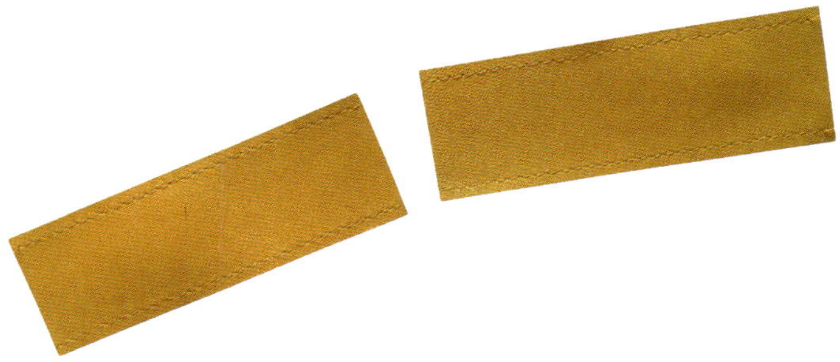

26. Insérez les passants rectangulaires de 30 x 10 mm et pliez-les en 2.

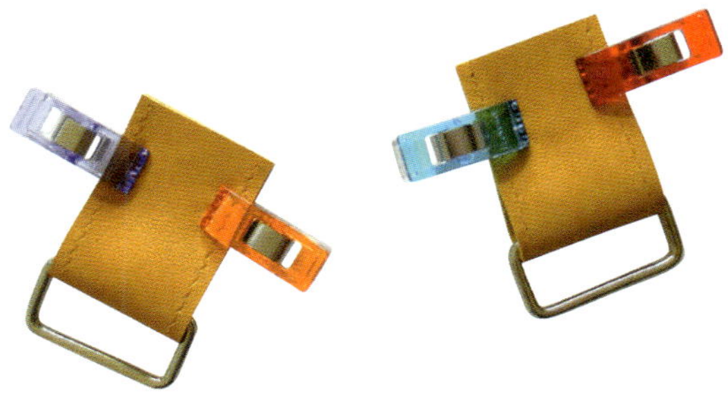

27. Piquez les pattes en cuir sur le milieu des côtés en simili. Elles sont situées à 3 cm du haut supérieur.

28. Prenez vos 2 rectangles de 6 x 16 cm destinés à cacher les pattes en cuir. Placez-les endroit contre endroit et piquez les longueurs à 1 cm des bords. Retournez sur l'endroit et repassez.

29. Coupez la bande obtenue en son milieu verticalement.

30. Placez ces bandes sur les pattes en cuir et piquez sur les longueurs.

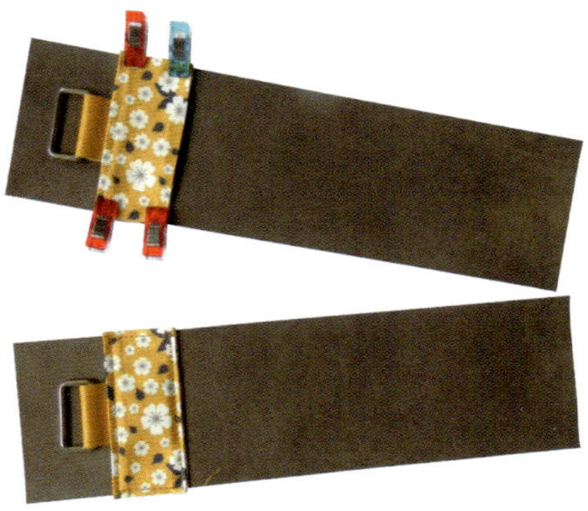

31. Prenez vos côtés extérieurs et placez-les endroit contre endroit sur le fond. Piquez à 0,75 cm des bords en commençant et en terminant à 0,75 cm des côtés.

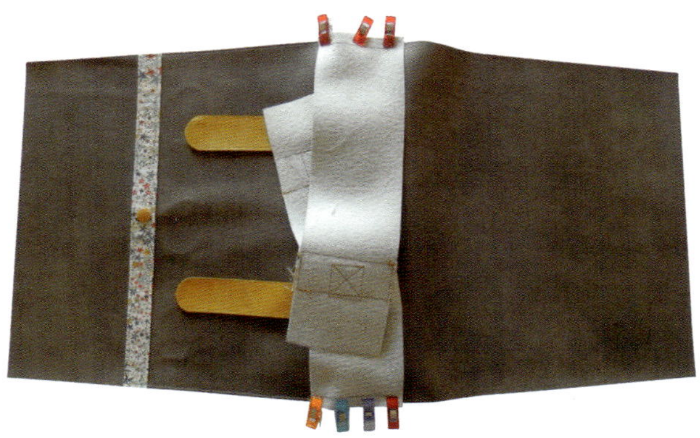

32. Assemblez sur l'envers les côtés et le dos extérieur.

33. Assemblez sur l'envers les côtés et le devant extérieur. Votre extérieur est terminé.

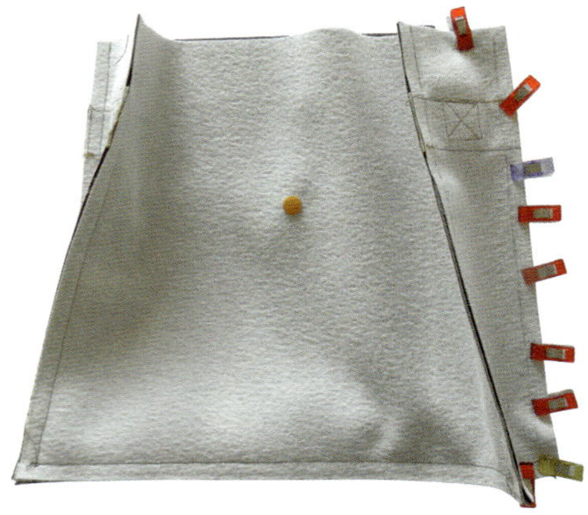

34. Prenez votre rectangle de 5 x 14 cm destiné aux ajouts de fermeture Éclair. Pliez-le en 2 dans le sens de la longueur envers contre envers et piquez sur la pliure. Vous obtenez un rectangle de 5 x 7 cm.

35. Coupez ce rectangle en 2 de façon à obtenir 2 rectangles de 2,5 x 7 cm.

36. Prenez un de vos rectangles de 21 x 33 cm en coton destiné à la poche intérieure. Placez-y comme sur la photo vos rectangles d'ajout de fermeture Éclair. Le côté pliure vers l'intérieur. Et par-dessus votre fermeture Éclair centrée et posée endroit contre endroit. Épinglez.

37. Piquez sur tout le haut supérieur avec votre pied à fermeture Éclair afin de coudre votre fermeture ainsi que les rectangles de l'étape 35.

38. Placez votre second rectangle en coton imprimé de 21 x 33 cm endroit contre endroit avec votre ensemble de l'étape 36. Piquez sur la piqûre de l'étape précédente.

39. Vos 2 rectangles sont cousus à la fermeture Éclair.

40. Retournez-les de façon à ce qu'ils se retrouvent envers contre envers et repassez.

41. Procédez de la même façon avec vos rectangles de 11 x 33 cm et la fermeture Éclair que pour l'étape 36, 37, 38 et 39.

42. Surpiquez le bord du coton en longeant la fermeture Éclair. Elle coud en simultané les 2 cotons.

43. Votre poche interne est terminée.

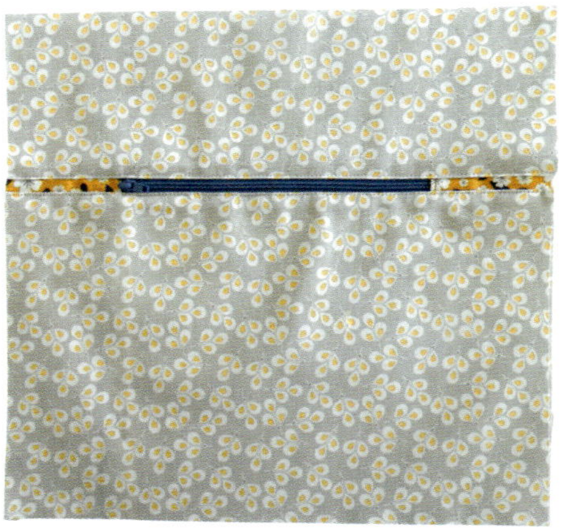

44. Prenez votre doublure dos au préalablement thermo-collée sur l'envers avec de la Vlieseline et placez-la sur votre poche interne. Centrez-la et découpez ce qui dépasse. Elle doit être de la même dimension que votre dos.

45. Placez votre poche sur votre doublure dos et piquez tout le pourtour à 0,5 cm du bord pour plus de facilité pour la suite.

46. Assemblez la doublure sur l'envers comme pour l'extérieur en commençant par le fond. **N'oubliez pas de laisser une ouverture dans le fond pour pouvoir retourner votre ouvrage !**

47. Assemblez les côtés de la doublure sur l'envers comme pour l'extérieur.

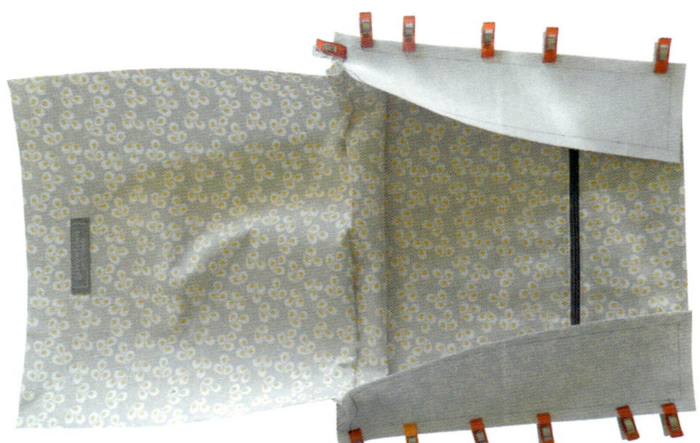

48. Prenez votre rabat et placez-le dans votre extérieur en simili retourné. Le devant du rabat contenant les bandes en Liberty se trouve contre le dos contenant la poche dorsale à pression.

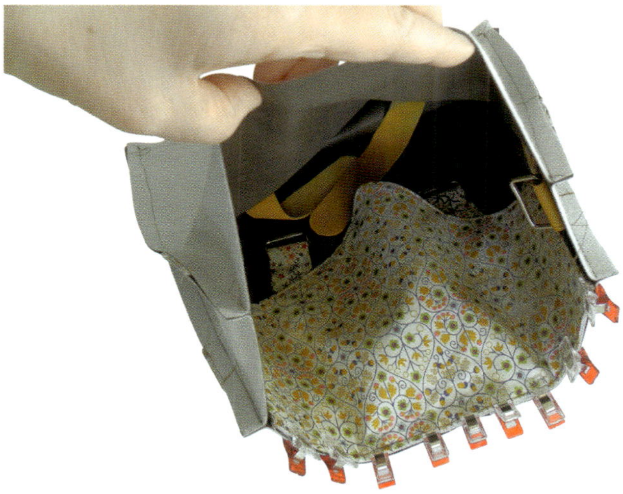

49. Rentrez la doublure dans votre extérieur comme sur la photo.

50. Votre rabat se trouve entre la doublure et l'extérieur.

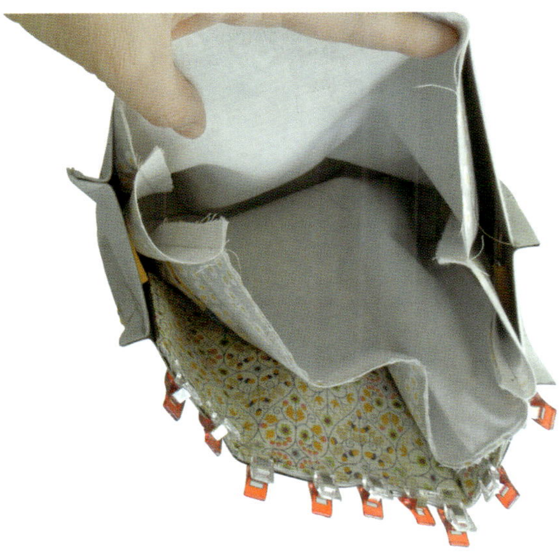

51. Épinglez tout le haut supérieur et faites une piqûre sur tout le pourtour en insistant bien au niveau de la poignée.

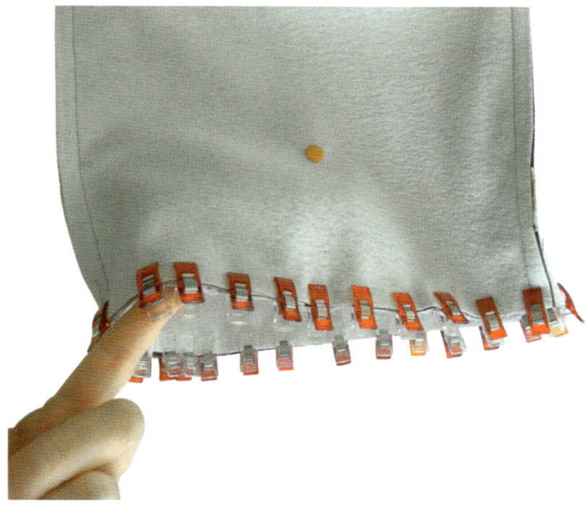

52. Retournez sur l'endroit par l'ouverture laissée dans la doublure.

53. Rentrez la doublure dans le sac et fermez l'ouverture de la doublure à points discrets.

54. Remplissez le sac et mettez des pinces sur vos pattes de fermeture pour les maintenir et les placer à la même longueur.

55. Poinçonnez au niveau des repères de vos pattes en cuir. Le trou doit être légèrement plus petit que le bouton de col, avec l'utilisation le cuir va travailler et le trou s'agrandir.

56. Placez vos boutons de col en les vissant. Je vous conseille de mettre un petit point de colle type glue pour éviter qu'à l'usage le bouton ne bouge.

57. Prenez vos deux bandes en cuir de 2,5 x 12 cm destinées aux pattes de la bandoulière et faites une surpiqûre sur tout le pourtour, cette dernière est décorative.

58. Prenez votre bande de simili-cuir de 6 x 100 cm destinée à l'extérieur de la bandoulière. Placez vos pattes en cuir de l'étape précédente aux extrémités de vos largeurs de bandoulière. Elles sont placées endroit contre endroit. Centrez-les et piquez les extrémités pour plus de facilité lors du montage.

59. Prenez votre bande de coton imprimé de 6 x 100 cm destinée à la doublure de la bandoulière et placez-la endroit contre endroit avec votre bande de simili-cuir. Piquez tout le pourtour à 1 cm du bord en laissant une ouverture sur une largeur pour pouvoir retourner sur l'endroit. Retournez, coupez les angles à ras et surpiquez tout le pourtour, la surpiqûre fermera l'ouverture.

60. Fixez votre bandoulière à votre sac avec vos pattes, soit avec des rivets, soit avec des pressions résine.

Sac Isaure

Fournitures

Les mesures sont données sur laize.

- 20 cm de Liberty pour le rabat
- 30 cm de suédine pour l'extérieur, la doublure du rabat et la poche extérieure
- 40 cm de coton imprimé pour la doublure, la doublure de poche extérieure et la bandoulière
- 2 passants rectangulaires en métal de 25 x 14 mm pour la bandoulière
- Des chutes de cuir diverses pour les pattes de fermeture du rabat, le porte-étiquette et les pattes destinées à la bandoulière
- 20 cm de Vlieseline thermocollante type H250 pour le rabat
- 2 boucles coulissante en métal de 25 mm pour les pattes de fermeture du rabat
- 1 boucle coulissante en plastique de 25 mm pour régler la bandoulière
- 2 vis chicago en laiton nickelé de 9 mm ou des rivets pour les pattes du rabat
- Un peu de scotch repositionnable pour maintenir le porte-étiquette lors de la couture
- 3 jeux de pressions résine dépareillées pour la bandoulière
- Un peu de scotch double face

Dimensions : 21 x 26 cm
Difficulté : ★

Mes conseils

Pour coudre votre suédine, utilisez une aiguille universelle de taille 90 ou 100 et le pied standard de votre machine à coudre. Pour coudre vos pattes en cuir, utilisez une aiguille spécial cuir de taille 100 et un pied Téflon.

Patron

Les marges de couture de 0,75 cm sont comprises, sauf pour la poche de devant.

Planche 2 - Patron ROUGE

Les mesures sont données en **hauteur x longueur**.
Sur ce modèle, seule la bandoulière et les pattes destinées à la bandoulière ne sont pas sur planche. Veuillez reporter les mesures ci-jointes.

Coupez dans la suédine : 1 x devant et 1 x dos pour l'extérieur, 1 x rabat pour la doublure.

Coupez dans le Liberty : 1 x rabat pour l'extérieur.

Coupez dans la Vlieseline thermocollante : 1 x rabat.

Coupez dans le cuir : 2 x patte de fermeture, 2 x patte de rabat, 2 rectangles de 6 x 2 cm pour les pattes contenant la bandoulière et 1 x porte-étiquette.

Coupez dans le coton imprimé : 1 bande de 10 x 140 cm pour la bandoulière.

Poche de devant : Prenez un morceau de coton imprimé de 24 x 22 cm et placez-le endroit contre endroit sur un morceau de suédine de 24 x 22 cm. Épinglez et réservez. La suite sera expliquée dans le pas à pas.

Confection

1. Prenez votre rabat Liberty au préalablement thermocollé sur l'envers avec de la Vlieseline thermocollante. Placez-le endroit contre endroit avec votre rabat en suédine. Épinglez.

2. Piquez tout le pourtour sauf le haut supérieur. Crantez les arrondis. Retournez sur l'endroit et faites une surpiqûre sur le pourtour.

3. Servez-vous du repère du patron pour placer le porte-étiquette en cuir. Maintenez-le à l'aide de scotch repositionnable. **N'oubliez pas de compter votre marge de couture lorsque vous le positionnerez !** Piquez-le à l'aide de votre pied Téflon. Rentrez les fils et placez vos pattes de rabat comme sur la photo.

4. Piquez votre patte de rabat sur le bout arrondi comme sur la photo.

5. Passez votre boucle coulissante en métal de 25 mm dans la patte comme sur la photo.

6. Retournez votre patte sur l'envers du rabat et mettez un peu de scotch double face pour la maintenir.

7. Positionnez bien votre boucle coulissante de façon esthétique sur le devant.

8. À l'aide d'une pince poinçon, faites un trou au milieu de la patte de rabat. Attention de ne pas poinçonner les coutures !

9. Passez votre vis chicago dans le trou. Elle maintiendra la patte sur l'envers du rabat.

10. Vissez la vis chicago sur l'envers.

11. Fixez votre seconde patte de rabat comme pour la première. Réservez votre rabat.

12. Préparez votre poche de devant comme indiqué dans la partie « Patron ».

13. Reportez votre gabarit poche de devant sur l'envers du coton imprimé.

14. Piquez **directement** sur le trait de crayon en laissant une ouverture sur le haut supérieur pour retourner. Crantez les arrondis.

15. Retournez sur l'endroit et faites une piqûre seulement sur le haut supérieur. Cette dernière fermera l'ouverture.

16. Épinglez votre poche sur le devant extérieur en vous servant des repères patron. Piquez le pourtour de la poche en utilisant un fil de même tonalité que la couleur de votre poche.

17. Placez vos pattes de fermeture en cuir endroit contre endroit avec votre devant extérieur en vous servant des repères patron. Piquez-les à la base à 0,5 cm du bord.

18. Prenez vos rectangles en cuir de 6 x 2 cm pour les pattes destinées à la bandoulière. Insérez un passant rectangulaire et piquez grossièrement les extrémités.

19. Placez vos pattes sur le dos extérieur comme sur la photo. Elles sont situées à 1,5 cm des côtés. Piquez-les à 0,5 cm du bord.

20. Placez votre devant extérieur endroit contre endroit votre dos extérieur. Piquez tout le pourtour sauf le haut supérieur.

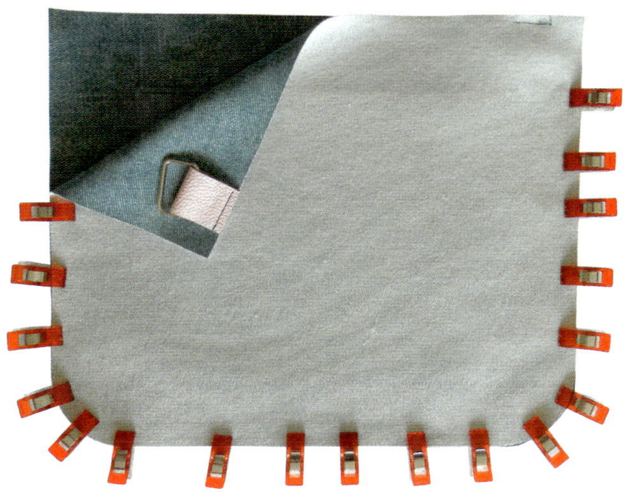

21. Assemblez sur l'envers la doublure de la même façon que l'extérieur. N'oubliez pas de laisser une ouverture par le fond pour pouvoir retourner votre ouvrage !

22. Retournez votre doublure sur l'endroit après avoir cranté vos arrondis. Placez-la dans votre extérieur qui lui est sur l'envers.

23. Placez votre rabat entre votre doublure et votre extérieur dos (celui qui contient les pattes de bandoulière en cuir rose).

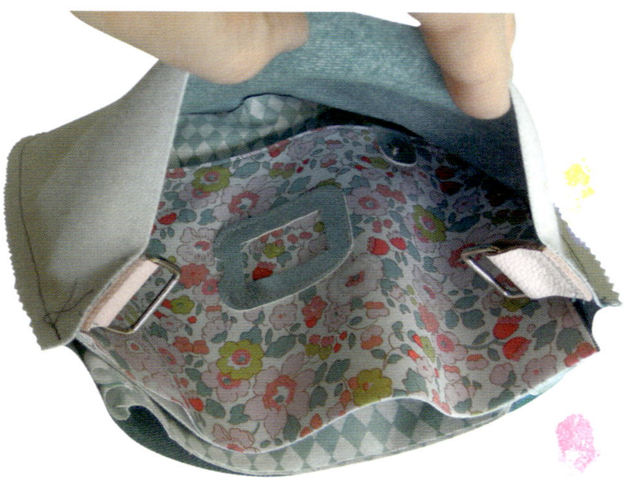

24. Épinglez tout le pourtour supérieur et piquez-le en insistant bien sur les pattes de bandoulière en cuir rose.

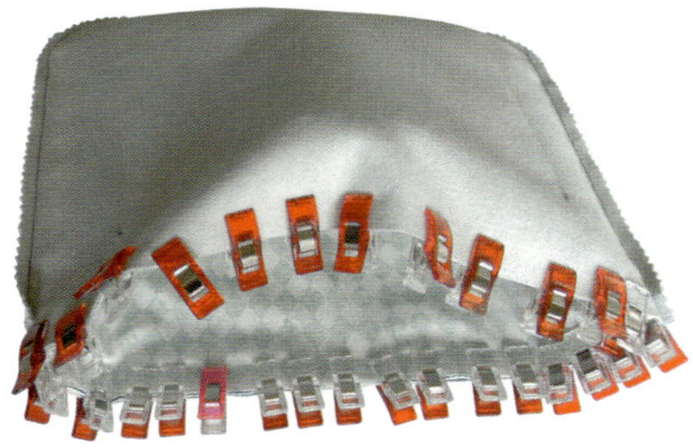

25. Retournez sur l'endroit par l'ouverture laissée dans la doublure.

26. Fermez discrètement l'ouverture de la doublure et rentrez-la dans l'extérieur.

27. Passez vos pattes de fermeture dans les pattes de rabat pour fermer votre sac.

28. Prenez votre bande de 10 x 140 cm destinée à la bandoulière. Pliez-la en 2 dans le sens de la longueur comme un biais après avoir fait un rentré de 1 cm sur les largeurs. Repliez encore en 2 et vous obtenez une bande de 4 épaisseurs de 2,5 x 138 cm. Surpiquez tout le pourtour.

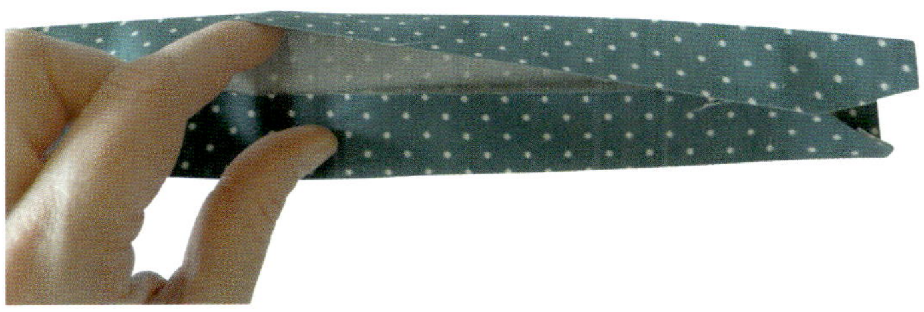

29. Prenez votre boucle coulissante de 25 mm en plastique destinée à la bandoulière et passez-la dans la bandoulière comme sur la photo, puis passez-la dans le passant rectangulaire comme sur la photo.

30. Passez la largeur dans la boucle coulissante.

31. Mettez une pince pour maintenir.

32. Piquez à l'endroit de la pince. Cousez un petit carré et une petite croix dans le carré.

33. Placez vos 3 jeux de pressions résine après avoir rentré votre autre largeur de bandoulière dans l'autre passant rectangulaire.

Pochette l'Amour maternel

Fournitures

Les mesures sont données sur laize.

- 30 cm de suédine ou Alcantara pour l'extérieur, les embouts de fermeture Éclair, le rabat et les pompons
- 30 cm de coton imprimé pour la doublure, la doublure du rabat et les pattes de côté
- 30 cm de Vlieseline thermocollante type H250 pour le rabat
- Des chutes de simili-cuir blanc, orange, noir et fuchsia pour les appliqués
- Une pression résine femelle cœur pour la customisation
- Un petit morceau de tulle pour le nœud sur la tête
- Deux petites attaches cartable de 28 x 36 cm appelées Tuck
- Une fermeture Éclair de 22 cm (ou plus si vous n'en avez pas, vous la couperez)
- 120 cm de cuir tressé plat pour la bandoulière
- Du scotch double face et de la colle type glue pour votre appliqué.

Dimensions : 19 x 23 cm
Difficulté : ★

Une jolie idée de customisation avec cet appliqué cousu sur une pochette zippée avec rabat. Si vous préférez, vous pouvez coudre cet appliqué sur une trousse plate ou un grand sac.

Patron

Les marges de couture de 0,75 cm sont comprises.

Planche 1 - Patron ROSE

Sur ce modèle, seules les pattes de côté, les embouts de fermeture Éclair, le dos et le devant ainsi que les pompons ne sont pas sur planche patron. Veuillez reporter les mesures ci-jointes.

Les mesures sont données en **hauteur x longueur**.

Extérieur : Coupez dans la suédine 1 x rabat, 2 rectangles de 25 x 28 cm pour le devant et le dos.

Doublure : Coupez dans le coton imprimé 1 x rabat, 2 rectangles de 25 x 28 cm pour le devant et le dos.

Vlieseline thermocollante : Coupez 1 x rabat.

Embouts fermeture Éclair : Coupez dans la suédine 2 rectangles de 2,5 x 6 cm.

Pattes de côté : Coupez dans le coton imprimé 1 carré de 10 x 10 cm.

Nœud en tulle : Coupez une bande de tulle de 12 x 5 cm.

Pompons en suédine : Coupez dans la suédine 2 rectangles de 5 x 15 cm.

Appliqués : Reportez vos gabarits sur l'envers de votre simili-cuir à l'aide d'un stylo en faisant attention au sens (qui est inversé sur l'envers du simili-cuir).

Coupez **directement** sur votre trait de crayon.

Mes conseils

Pour coudre de la suédine, utilisez le pied standard de votre machine et une aiguille universelle de taille 90. Pour coudre votre appliqué en simili-cuir, utilisez un pied Téflon et une aiguille spécial jean de taille 90. Sur ce modèle, les pommettes sont découpées à l'aide d'une perforatrice et l'œil du bébé renard est découpé avec une machine de découpe. Si vous ne possédez pas de machine de découpe, vous pouvez le dessiner avec un marqueur permanent ou coudre une perle de rocaille en guise d'œil. Les possibilités sont multiples.

Confection

Votre appliqué se construit comme un puzzle. Après avoir cousu chaque pièce, rentrez les fils au dos à l'aide d'une aiguille et faites un double nœud.

1. Placez toutes vos pièces orange sur l'endroit de votre rabat. Mettez un peu de scotch double face sous le dessous pour maintenir vos pièces en les cousant. Utilisez un fil de même tonalité que votre simili-cuir.

2. Collez vos museaux en simili-cuir blanc et le bout blanc de la queue. Piquez le pourtour avec un fil blanc.

3. Collez à l'aide de colle type glue vos pommettes, vos nez et vos yeux. Pour davantage de solidité, vous pouvez faire un point à la main au centre de ces petites pièces avec un fil de même tonalité.

4. Prenez votre bande de tulle de 12 x 5 cm et enroulez un morceau de fil tout autour. Faites un double nœud.

5. Fixez votre nœud en rentrant les fils qui l'entourent dans le simili-cuir à l'aide d'une aiguille. Mettez un point de colle dessous et aplatissez. Faites un nœud dans le dos.

6. Prenez votre doublure de rabat au préalablement thermocollée sur l'envers avec de la Vlieseline et placez-la endroit contre endroit votre rabat extérieur. Épinglez le pourtour.

7. Piquez tout le pourtour en laissant une petite ouverture par le haut pour pouvoir retourner. Crantez les arrondis et coupez ras les angles des hauts supérieurs.

8. Retournez sur l'endroit. Surpiquez tout le pourtour **sauf le haut supérieur !**

9. Prenez votre carré de coton imprimé de 10 x 10 cm et ramenez les longueurs vers le centre, puis repliez les côtés comme un biais. Vous obtenez un rectangle de 4 épaisseurs de 2,5 x 10 cm. Surpiquez les longueurs.

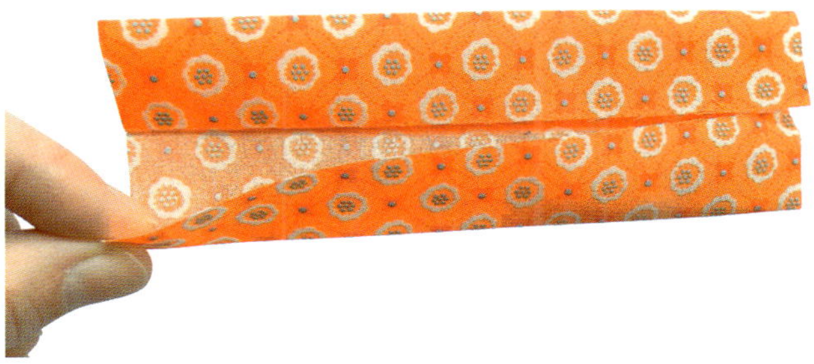

10. Coupez ce rectangle en son milieu de façon à obtenir 2 rectangles de 2,5 x 5 cm. Pliez-les en 2 et piquez grossièrement les extrémités. Réservez vos pattes.

11. Prenez vos 2 rectangles de suédine de 2,5 x 6 cm destinés aux embouts de fermeture Éclair. Pliez-les en deux dans le sens de la longueur envers contre envers de façon à obtenir 2 rectangles de 2,5 x 3 cm. Surpiquez sous la pliure.

12. Prenez votre devant extérieur en suédine et placez vos rectangles de l'étape précédente à chaque extrémités bord à bord avec le haut supérieur, côté pliure vers l'intérieur. Maintenez-les avec des pinces.

13. Prenez votre fermeture Éclair de 22 cm et placez-la bord à bord avec le haut supérieur du devant endroit contre endroit. Centrez-la bien et épinglez-la.

14. Piquez la fermeture Éclair sur toute la longueur. Ici la couture est visible en blanc.

15. Prenez votre doublure et placez-la endroit contre endroit avec votre devant extérieur.

16. Retournez votre devant sur l'envers et piquez sur la piqûre blanche de l'étape 14.

17. Rabattez votre devant et votre doublure de façon à ce qu'ils se retrouvent envers contre envers.

18. Faites une surpiqûre sur tout le long de la fermeture Éclair. Elle coud en simultané le devant extérieur et la doublure.

19. Prenez votre ensemble devant extérieur/doublure et placez-le endroit contre endroit avec votre dos extérieur. Le haut de la fermeture à glissière doit se superposer sur le haut supérieur du dos extérieur. Épinglez et refaites les étapes 14, 15, 16, 17 et 18 avec le dos extérieur et la seconde partie de la doublure.

20. Prenez vos pattes de l'étape 10 et placez-les à 2,5 cm du centre de la fermeture Éclair sur les côtés. Piquez-les à 0,5 cm du bord.

21. Prenez votre rabat et faites un rentré de 0,75 cm sur l'ouverture du haut du rabat. Maintenez avec des pinces pour bien aplatir.

22. Prenez une règle et tracez un trait horizontal (de la longueur du haut supérieur de votre rabat) à 3,5 cm du milieu de la fermeture Éclair. Centrez bien votre trait et ne dépassez pas la longueur du haut supérieur de votre rabat.

23. Placez le haut supérieur de votre rabat sur le trait au stylo. Il doit être bien centré.

24. Faites 2 piqûres pour fixer le rabat au dos extérieur. La première fermera l'ouverture en simultané et la seconde consolidera la couture du rabat au dos extérieur. En effet, l'ouverture du rabat risque de solliciter la couture. **Attention à ne pas coudre le rabat sur le dos extérieur ET la doublure !**

25. Ramenez vos 2 doublures et vos 2 extérieurs endroit contre endroit. N'oubliez pas d'ouvrir votre fermeture Éclair sinon vous ne pourrez pas retourner votre pochette !

26. Piquez tout le pourtour en laissant une ouverture dans le bas de la doublure pour pouvoir retourner sur l'endroit.

27. Prenez vos angles du fond extérieur et positionnez la couture des côtés dans l'alignement du sommet de votre triangle comme si vous formiez un berlingot. Écrasez-le, prenez votre règle et tracez un trait vertical à 3 cm de la pointe du triangle.

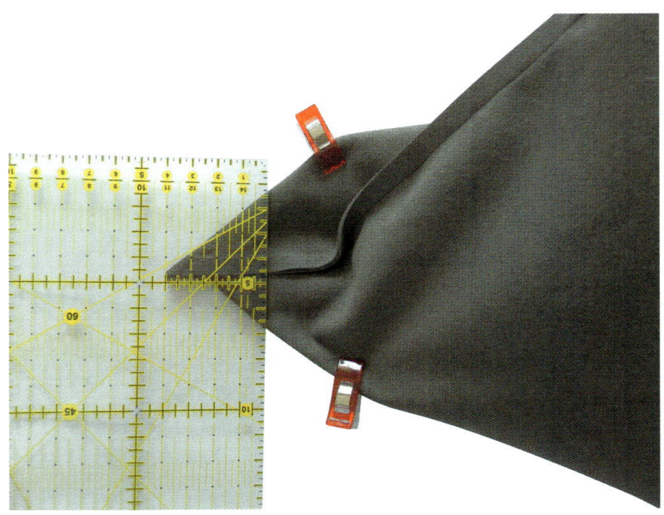

28. Piquez sur ce trait vertical.

29. Coupez les angles. Inutile de faire la même chose avec la doublure.

30. Retournez le sac sur l'endroit et rentrez la doublure dans le sac. À l'aide d'un pinceau ou d'un crayon fin que vous glisserez entre la doublure et les extrémités contenant vos embouts de fermeture Éclair, poussez **délicatement** de façon à faire ressortir les angles.

31. Placez vos fermetures cartable sur le rabat. Positionnez les petits trous au dessus de la surpiqûre et à l'aide d'un poinçon, trouez dans les petits trous de la fermeture cartable.

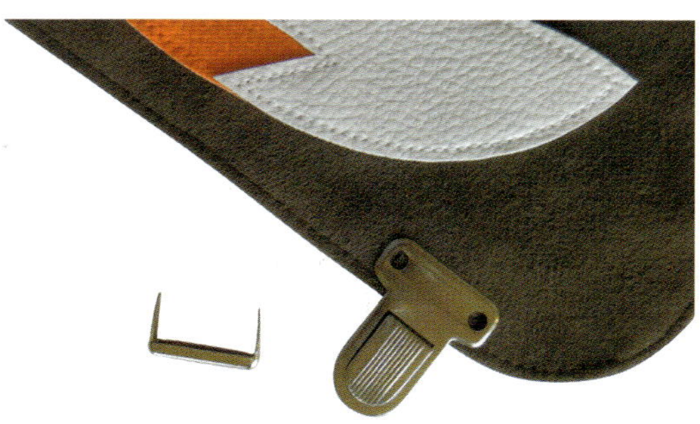

32. Rentrez la petite barre en forme de U dans les deux trous pré-percés.

33. À l'aide d'une petite pince, rabattez les languettes de la barre en forme de U.

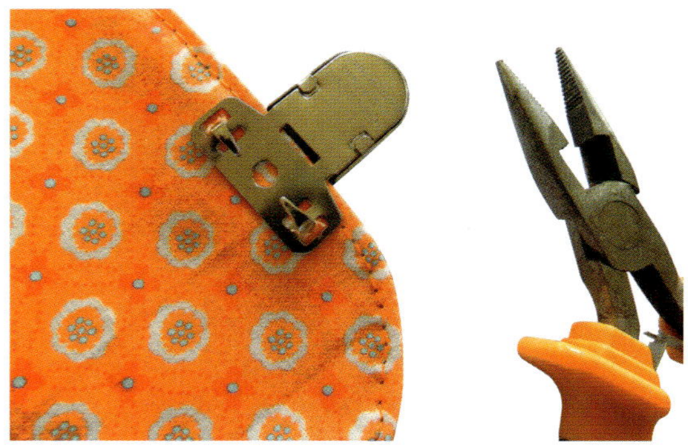

34. Remplissez votre pochette et à l'aide de la première partie de votre attache cartable, positionnez la seconde partie. Ne trouez pas la doublure mais juste l'extérieur. Faites rentrer les petites griffes dans la suédine.

35. Placez la petite plaque en fer au dos et à l'aide d'une pince, repliez les petites griffes.

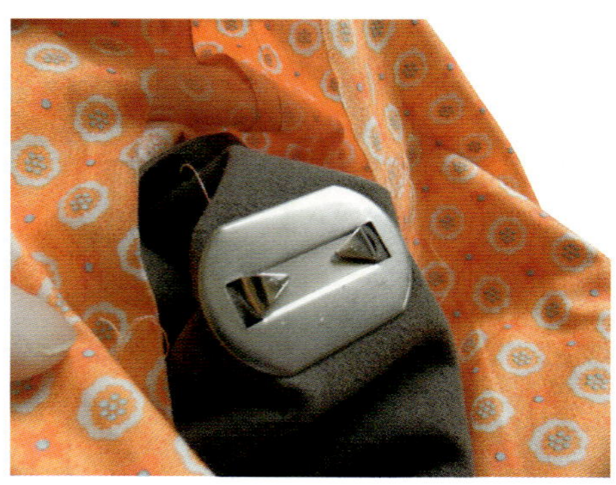

36. Placez la seconde attache cartable et fermez le fond de la doublure à points discrets.

37. Prenez vos deux rectangles de 5 x 15 cm en suédine destinés aux pompons. Tracez sur l'envers un trait horizontal à 1 cm du haut supérieur et découpez des petites bandelettes verticalement en vous arrêtant au trait horizontal.

38. Prenez votre cuir tressé plat et faites un nœud à 2 cm d'une extrémité. Ce nœud retiendra votre bandoulière si votre pompon venait à se décoller. Enroulez votre rectangle à franges sur le nœud en mettant de la colle type glue. **Ne fixez pas le second pompon à l'autre extrémité !**

39. Rentrez votre extrémité de cuir tressé qui ne contient pas le pompon dans la première patte et ressortez-la par la seconde patte. Refaites l'étape 38 pour le second pompon.

Besace Lila

Fournitures

Les mesures sont données sur laize.

- 50 cm de simili-cuir A (ici bleu canard) pour l'extérieur de la besace, la doublure du rabat, la bandoulière, les poches de devant passepoilées et les pattes de côté contenant les passants rectangulaires pour la bandoulière
- 1 rectangle de 10 x 25 cm de simili-cuir B (ici moutarde) pour la bande de pourtour extérieure
- 50 cm de coton et/ou Liberty pour la doublure intérieure, l'extérieur du rabat, la doublure des poches de devant passepoilées, la doublure de la bandoulière, la doublure des pattes de bandoulière et les pattes en tissu décoratives de côté.
- 50 cm de Vlieseline thermocollante type H250 pour le rabat et la doublure.
- 2 jeux de pressions résine pour la bandoulière
- 1 boucle coulissante en métal de 40 mm pour régler la bandoulière
- 2 passants rectangulaires en métal de 40 mm pour les pattes de la bandoulière
- 2 boucles coulissantes en métal de 20 mm pour les pattes en tissu décoratives sur les côtés
- Une patte de fermeture en cuir et 1 rivet pour la fixer
- 2,50 m de passepoil pour le pourtour du sac et les poches de devant passepoilées.

Dimensions : 24 x 33 cm
Difficulté : ★ ★

Patron

Les marges de couture sont comprises. Elles sont de 0,75 cm pour le rabat et de 1 cm pour la bandoulière. Pour le reste du sac, je vous les donne à chaque étape.

Planche 3 - Patron MARRON

Sur ce modèle, seule la bandoulière, les pattes contenant les passants rectangulaires de la bandoulière, la bande de pourtour de la doublure et les pattes en tissu décoratives de côté ne sont pas sur planche.

Veuillez reporter les mesures ci-jointes.

La bande de pourtour extérieure est construite en 3 parties : 2 rectangles de simili-cuir bleu appelés bande de pourtour A sur la planche patron et 1 rectangle de simili-cuir moutarde appelé bande de pourtour B sur la planche patron.

La bande de pourtour B (moutarde) sera placée entre les 2 bandes de pourtour A (bleu).

Coupez dans le simili-cuir A : 1 x devant, 1 x dos, 1 x doublure de rabat, 2 bandes de pourtour A, 1 bande de 16 x 6 cm pour les pattes de la bandoulière, 2 x poches de devant et 1 bande de 6 x 140 cm pour la bandoulière.

Coupez dans le simili-cuir B : 1 x bande de pourtour B.

Coupez dans le coton imprimé et/ou Liberty : 1 x extérieur rabat, 2 x doublure poche de devant, 1 x devant doublure, 1 x dos doublure, 1 bande de 16 x 6 cm pour la doublure des pattes de la bandoulière, 1 bande de 6 x 140 cm pour la doublure de la bandoulière, 1 bande de 8 x 12 cm et 1 bande de 8 x 16 cm pour les pattes décoratives de côté. Coupez 1 bande de 7 x 82 cm pour la bande de pourtour doublure.

Coupez dans la Vlieseline thermocollante : 1 x rabat, 1 x devant et 1 x dos.

Coupez dans le passepoil : 2 x 82 cm pour le pourtour du sac et 2 x 33 cm pour les poches de devant.

Mes conseils

Pour ce modèle, j'ai utilisé une aiguille spécial jean de taille 90 et un pied Téflon. Utilisez le pied passepoil ou votre pied à fermeture Éclair pour poser votre passepoil. Si vous ne trouvez pas de patte en cuir similaire à celle que j'ai utilisé, vous pouvez la remplacer par une patte droite ou une fermeture de cartable.

Confection

1. Prenez votre rabat extérieur en Liberty au préalablement thermocollé sur l'envers avec de la Vlieseline et votre rabat doublure en simili-cuir.

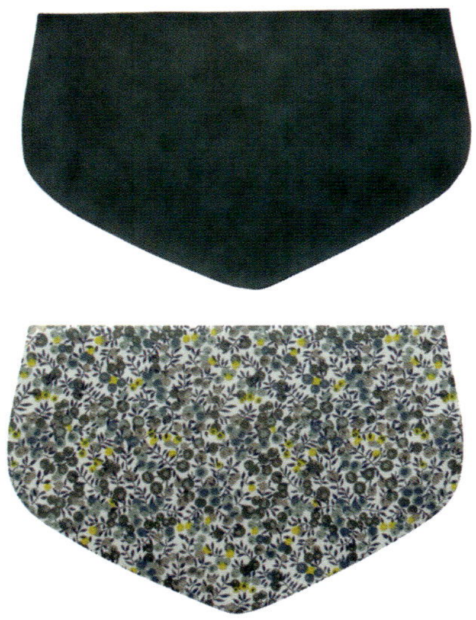

2. Placez-les endroit contre endroit, épinglez et piquez tout le pourtour sauf le haut supérieur à 0,75 cm du bord.

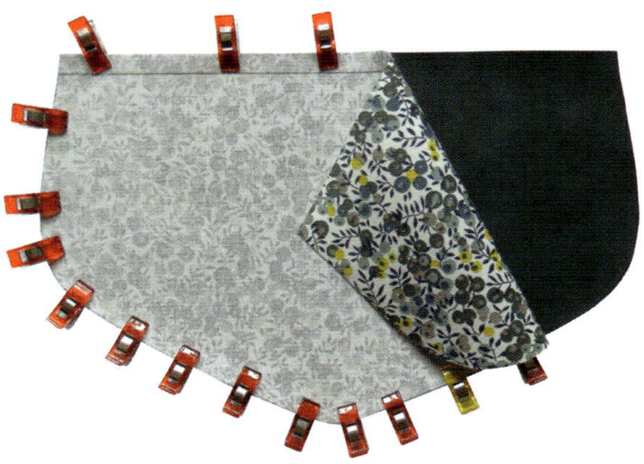

3. Retournez sur l'endroit et repassez côté coton. Surpiquez tout le pourtour. J'utilise des pinces pour bien aplatir les bords et pour que ma surpiqûre soit jolie. Réservez le rabat.

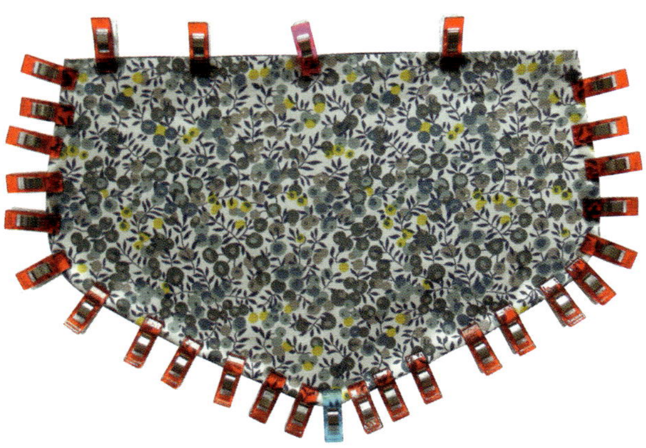

4. Prenez votre première poche et prenez votre passepoil de 33 cm destiné à cette dernière. Placez-le comme sur la photo, le petit boudin vers l'intérieur. Piquez le long du petit boudin à l'aide du pied à passepoil.

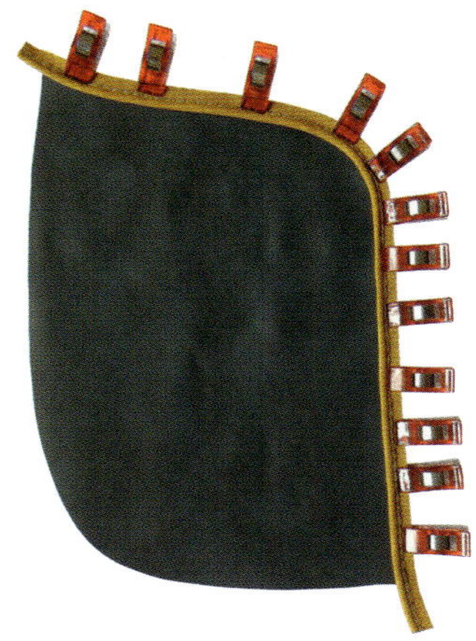

5. Prenez votre doublure de poche et placez-la endroit contre endroit votre poche extérieure. Piquez **sur la première** piqûre du passepoil (celle de l'étape 4) : c'est votre repère.

6. Placez la doublure de la poche et l'extérieur envers contre envers. Sur le patron j'ai noté la démarcation surpiqûre du passepoil (en haut du trait) / piqûre de la poche (en-dessous du trait). Surpiquez le long du passepoil, là où sont placées les pinces. Pour ne pas dépasser, je colle un petit morceau de scotch.

7. Placez votre poche sur le devant extérieur. Fixez-la avec des pinces pour qu'elle ne bouge pas lors de la couture suivante.

8. Surpiquez le long du passepoil sous le repère. Cette surpiqûre fixera en simultané la poche au devant extérieur. Utilisez votre pied Téflon. Puis piquez le bord de la poche à 0,5 cm du bord pour plus de facilité au montage.

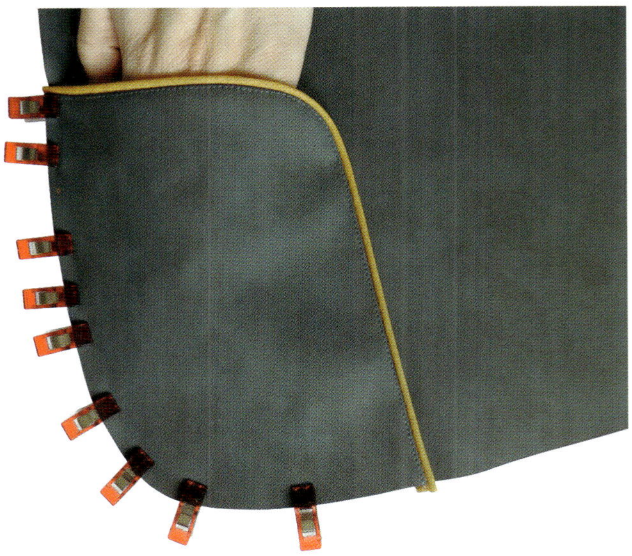

9. Refaites les étapes 4, 5, 6, 7 et 8 avec la seconde poche.

10. Prenez vos 2 bandes de pourtour A en simili-cuir bleu et votre bande de pourtour B en simili-cuir moutarde.

11. Assemblez sur l'envers les largeurs du simili cuir moutarde avec une largeur des simili-cuirs bleu. Le simili-cuir moutarde de trouve au milieu. **Les marges de couture sont de 1 cm.**

12. Surpiquez le long des raccords sur l'extérieur. Prenez un fil de même tonalité que votre simili-cuir et allongez votre point.

13. Votre bande de pourtour est terminée. Réservez-la.

14. Prenez votre bande de 8 x 12 cm en coton Liberty destinée aux pattes décoratives de côté. Ramenez les longueurs vers le centre comme un biais, puis repliez encore en 2. Vous obtenez une bande de 4 épaisseurs de 2 x 12 cm. Piquez les longueurs.

15. Coupez cette bande en son milieu en 2 parties égales. Insérez les boucles coulissantes et piquez grossièrement les extrémités.

16. Refaites l'étape 14 avec la seconde bande de 8 x 16 cm destinée aux pattes décoratives de côté et après avoir fait un rentré de 1 cm sur les largeurs. Coupez cette bande en 2 en son milieu.

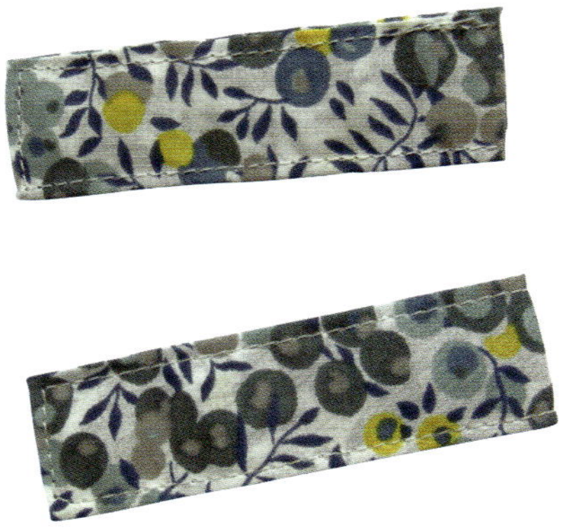

17. Disposez les 2 parties sur la bande de pourtour. Elles sont situées à 4 cm du haut supérieur. Piquez les extrémités à 0,5 cm du bord.

18. Refaites l'étape 17 avec l'autre extrémité de la bande de pourtour et les pattes décoratives restantes.

19. Posez votre passepoil sur tout le long du devant extérieur. Piquez à ras du petit boudin pour le fixer. Utilisez votre pied à passepoil.

20. Placez la bande de pourtour de l'étape 13 endroit contre endroit avec le devant extérieur. Servez-vous des repères qui notifient le milieu et faites coïncider le bas du milieu du devant avec le milieu de la bande de pourtour. Piquez sur la première piqûre de passepoil (celle de l'étape 19).

21. Prenez votre dos extérieur et refaites l'étape 19 avec votre passepoil. Refaites l'étape 20 avec le dos extérieur et la bande de pourtour.

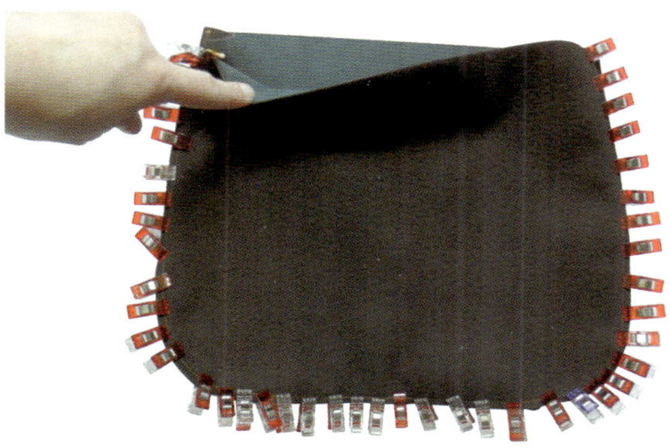

22. Votre extérieur est terminé. Réservez.

23. Prenez vos bandes de 6 x 16 cm en simili-cuir A et en coton imprimé destinées aux pattes de la bandoulière. Placez-les endroit contre endroit et piquez les longueurs à 1 cm du bord. Retournez sur l'endroit et surpiquez les longueurs.

24. Coupez la bande obtenue en 2 et insérez les passants rectangulaires de 40 mm. Piquez grossièrement les bouts.

25. Placez vos pattes contenant les anneaux sur le haut supérieur des côtés comme sur la photo. Centrez-les bien et piquez les à 0,5 cm du bord.

26. Assemblez endroit contre endroit le dos de la doublure au préalablement thermocollé sur l'envers avec de la Vliseeline avec la bande de pourtour doublure. Inutile de mettre de la vlieseline sur la bande de pourtour en coton. Les marges de couture sont de 0,75 cm.

27. Assemblez endroit contre endroit le devant de la doublure avec la bande de pourtour. Laissez une ouverture par le fond pour pouvoir retourner.

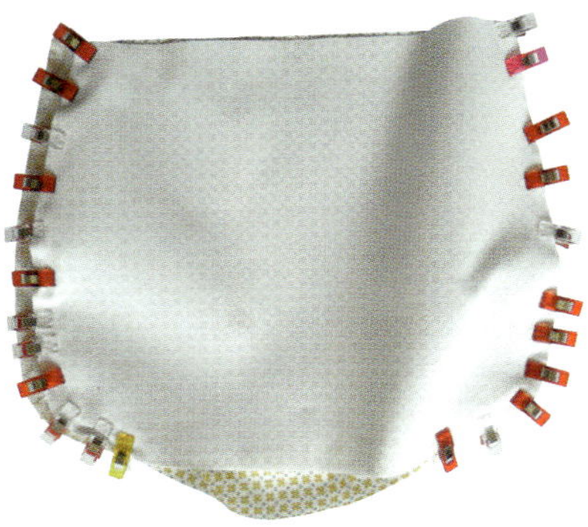

28. Retournez l'extérieur de l'étape 22 sur l'envers et glissez-y le rabat à l'intérieur. Le côté imprimé du rabat fait face au dos du sac (celui qui ne contient pas les poches passepoilées).Centrez-le et maintenez-le avec des pinces.

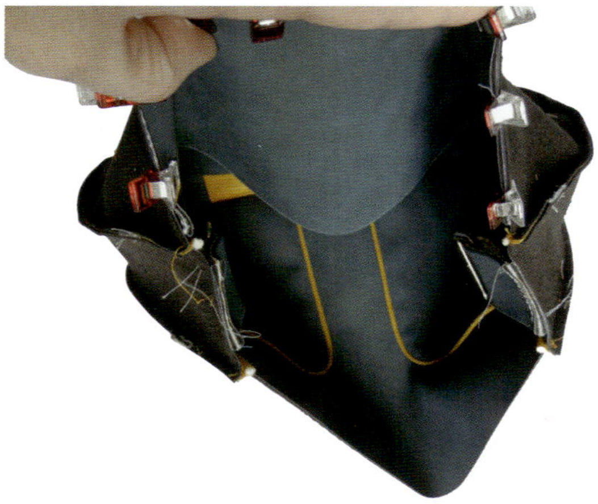

29. Glissez la doublure à l'endroit dans votre extérieur à l'envers.

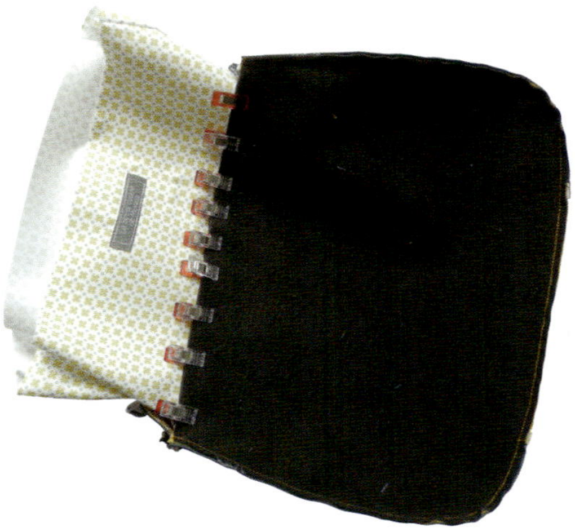

30. Piquez tout le pourtour supérieur à l'endroit où sont placées les pinces. Insistez bien sur les côtés avec les pattes contenant les anneaux. Vous piquez en simultané l'extérieur, la doublure et le rabat.

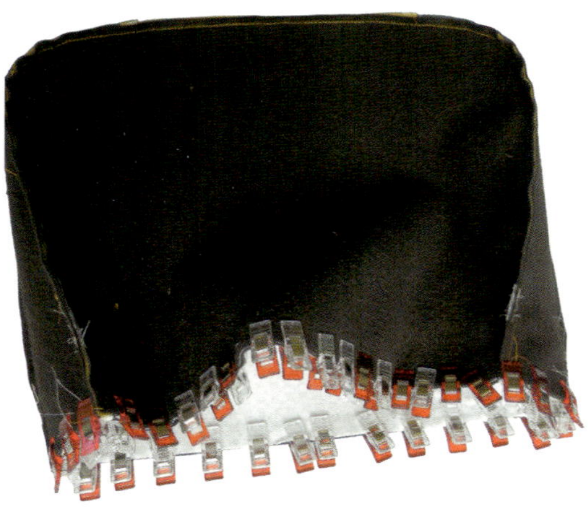

31. Retournez sur l'endroit par l'ouverture laissée dans la doublure.

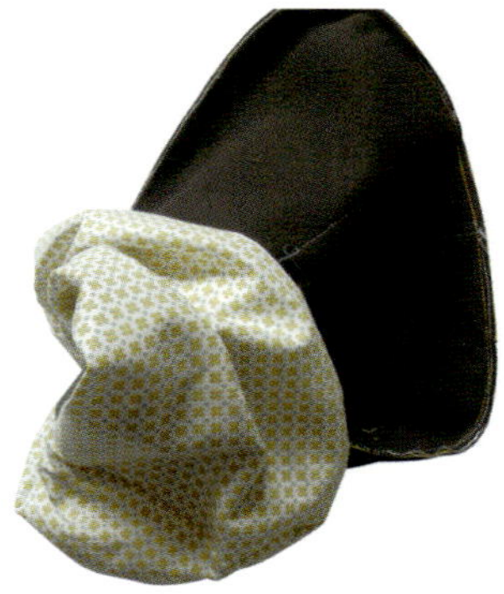

32. Prenez votre patte de fermeture. Elle est composée d'une patte fixe avec une boucle en cuir et un haut triangulaire et d'une patte longue avec un bouton de col qui se referme sur elle-même après être rentrée dans la boucle. Sur la photo, en bleu à droite la patte telle qu'elle se présente fermée et en camel, la patte démontée par mes soins prête à être fixée. Sur la patte camel, le trou du bas est le trou dans lequel est fixé le bouton de col. Les 2 trous supérieurs sont les trous de réglage.

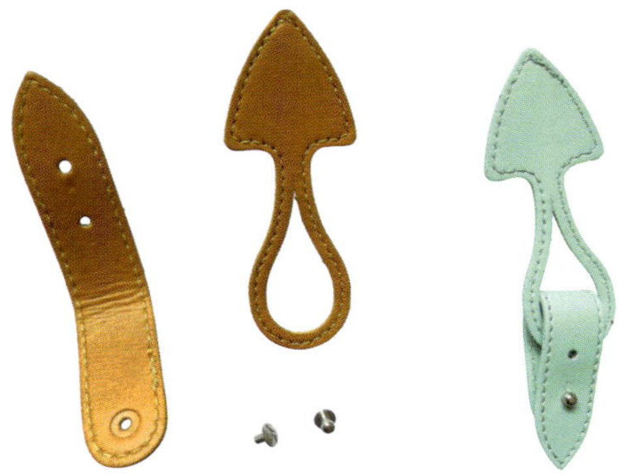

33. Remplissez votre sac et positionnez votre patte complète sur le sac après avoir au préalablement dévissé le bouton de col. À l'aide d'un stylo, marquez l'intérieur du trou dans lequel était fixé le bouton de col. Enlevez la patte complète pour ne garder que la patte qui contenait le bouton de col. Trouez à l'endroit marqué du stylo sans trouer la doublure ! Faites passer le vis du bouton de col par l'intérieur du sac dans votre trou.

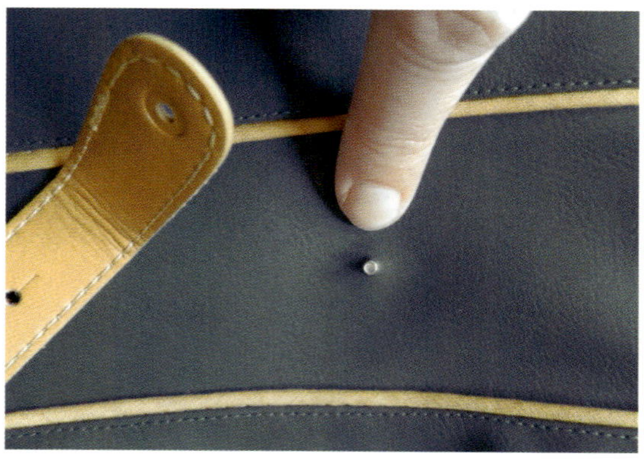

34. Rentrez la vis qui sort du sac dans la patte en cuir, là où elle était à l'origine.

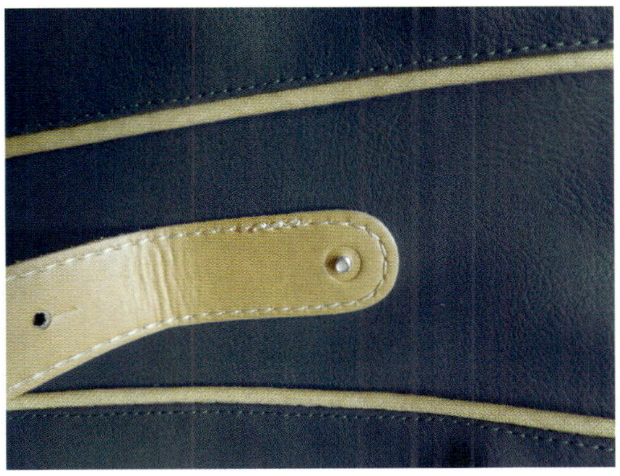

35. Enfin revissez le bouton de col sur la vis. Votre patte en cuir est prise en sandwich entre votre bouton de col et votre extérieur. Vous pouvez renforcer le dos de l'extérieur avec du cuir ou du thermocollant pour davantage de solidité. Vous pouvez aussi mettre un point de colle type glue sous la patte en cuir pour que cette dernière ne bouge pas.

36. Prenez la seconde partie de la patte en triangle et percez le centre du triangle à l'aide d'une pince type perforatrice. Servez-vous de ce trou comme repère pour percer le rabat. Fixez votre rivet.

37. Prenez vos bandes de 6 x 140 cm en simili-cuir A et en coton imprimé. Placez-les endroit contre endroit et piquez tout le pourtour sauf une largueur. Coupez les angles à ras et retournez sur l'endroit. Faites un rentré de 1 cm sur la largeur qui a servi à retourner la bandoulière et faites une surpiqûre sur tout le pourtour. Cette dernière fermera l'ouverture en simultané.

38. Rentrez votre boucle coulissante de 40 mm sur votre bandoulière. Faites passer une des largeurs de votre bandoulière dans un des passants rectangulaires du sac et ressortez-la dans la boucle coulissante comme sur la photo. Piquez à l'endroit où sont positionnées les pinces.

39. Placez vos pressions résine à l'autre extrémité de la bandoulière.

HELLO

Sac à langer Lee-Lou

Ce sac à langer peut être détourné en sac de plage si vous le confectionnez en toile enduite. Vous pourrez remplacer le tapis à langer nomade par une serviette de bain.

Fournitures

Pour le tapis à langer nomade :

Les mesures sont données en hauteur x longueur.

- Un rectangle de 65 x 55 cm de nid d'abeille ou tissu éponge pour le grand tapis
- Un rectangle de 65 x 55 cm de coton imprimé pour le grand tapis
- Un rectangle de 54 x 40 cm de toile enduite pour le petit tapis amovible
- Un rectangle de 54 x 40 cm de coton imprimé pour le petit tapis amovible
- 4 jeux de pressions résine

Pour le sac à langer :

- 1 m de velours milleraies ou grosses côtes pour l'extérieur, les poignées, les poches de côté et la poche dorsale extérieure. Je vous conseille un velours qui a de la tenue et non un velours destiné à l'habillement (Utilisez un tissu lavable pour ce sac à langer)
- 50 cm de tissu matelassé pour la doublure du sac et la doublure du rabat
- 50 cm de cotons imprimés divers et variés pour l'extérieur du rabat, les doublures de poches de côté, la doublure de poche dorsale, les pattes réglables, la poche intérieure, les poignées, les pattes de la bandoulière et la bandoulière
- 2 boutons pour la customisation des poches de côté
- 1 rectangle de tissu cristal transparent de 22 x 44 cm pour la poche intérieure
- 1 morceau de biais de 45 cm pour la poche intérieure en cristal
- 1 jeu de pression résine pour la poche intérieure en cristal
- 2 jeux de pressions résine pour le rabat
- 6 jeux de pressions résine pour la bandoulière
- 6 jeux de pressions résine pour les pattes destinées à maintenir le tapis à langer
- 2 jeux de pressions résine pour fermer le côté du sac
- 2 passants rectangulaires de 25 x 14 mm pour les pattes réglables destinées à maintenir le tapis à langer
- Un morceau de scratch de 10 cm pour la poche dorsale extérieure
- 30 cm de Vlieseline thermocollante de type H250 pour le rabat et la doublure de la poche dorsale extérieure
- Un morceau de 60 x 15 cm de molleton thermocollant pour les poignées
- 44 cm d'élastique plat de 6 mm pour la poche intérieure en coton
- 2 passants rectangulaires de 40 x 20 mm pour les pattes destinées à la bandoulière
- 90 cm de sangle gros grain pour la bandoulière

Dimensions : 31 x 42 cm

Difficulté : ★ ★

Patron

Les marges de couture de 1 cm sont comprises.

Planche 1 - Patron BLEU

Sur ce modèle, seuls le tapis à langer nomade et le rabat sont sur planche patron.
Pour le reste, veuillez reporter les mesures ci-jointes.
Elles sont données en **hauteur x longueur**.

Tapis nomade : Coupez dans le nid d'abeille ET coton imprimé 1 x grand tapis. Coupez dans coton enduit ET coton imprimé 1 x petit tapis amovible.

Rabat : Coupez dans le tissu matelassé ET la Vlieseline thermocollante ET le coton imprimé 1 x rabat.

Extérieur : Sur ce modèle, le devant est décomposé en 4 parties que nous nommerons A, B, C et D. Je développerai dans le pas à pas. Coupez dans velours milleraies 1 rectangle A de 15 x 44 cm, 1 rectangle B de 9 x 44 cm, 1 rectangle C de 9 x 44 cm et un rectangle D de 12 x 44 cm pour le devant extérieur. Coupez dans velours milleraies, 1 rectangle de 33 x 44 cm pour le dos, 2 rectangles de 33 x 14 cm pour les côtés et 1 rectangle de 14 x 44 cm pour le fond.

Poignées : Coupez dans le velours milleraies ET molleton thermocollant ET coton imprimé 2 bandes de 60 x 6 cm.

Poche dorsale : Coupez dans le velours milleraies ET coton imprimé ET Vlieseline thermocollante 1 rectangle de 22 x 44 cm.

Poches de côté : Coupez dans le velours milleraies 2 rectangles de 18 x 14 cm pour l'extérieur. Coupez dans coton imprimé 2 rectangles de 23 x 14 cm pour la doublure.

Doublure : Coupez dans le tissu matelassé 2 rectangles de 33 x 44 cm pour le dos et le devant, 2 rectangles de 33 x 14 cm pour les côtés et 1 rectangle de 14 x 44 cm pour le fond.

Poches intérieures : Coupez dans le coton imprimé 1 rectangle de 24 x 50 cm. Coupez dans le tissu cristal transparent 1 rectangle de 22 x 44 cm.

Pattes réglables destinées à maintenir le tapis à langer : Coupez dans le coton imprimé 1 bande de 10 x 28 cm et 1 bande de 10 x 40 cm.

Bandoulière : Coupez 90 cm de sangle gros grain. Coupez dans le coton imprimé 2 rectangles de 16 x 39 cm.

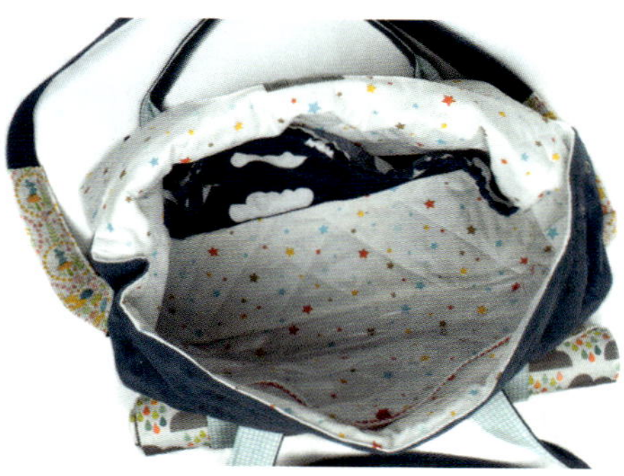

Mes conseils

Pour coudre du velours milleraies, utilisez une aiguille universelle de taille 90 et le pied standard de votre machine à coudre. Pour coudre sur le tissu cristal transparent, utilisez votre pied Téflon.

Confection

Le tapis à langer nomade

1. Prenez les parties destinées au petit tapis à langer amovible en coton enduit et coton imprimé et placez-les endroit contre endroit.

2. Piquez tout le pourtour en laissant une ouverture de 10 cm par le bas pour pouvoir retourner sur l'endroit. Crantez les arrondis.

3. Retournez sur l'endroit par l'ouverture. Repassez côté coton. Surpiquez tout le pourtour. Cette dernière fermera l'ouverture laissée. Placez vos pressions résine mâles.

4. Prenez votre partie en nid d'abeille destinée au grand tapis à langer. Placez vos pressions résine femelles en vous aidant de celles du petit tapis à langer amovible.

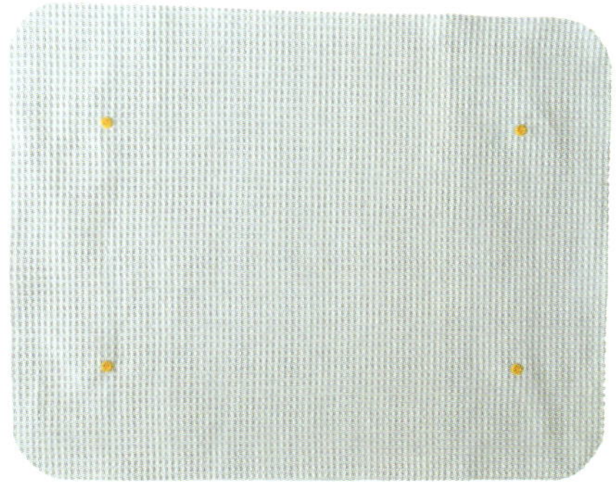

5. Placez votre partie en coton imprimé destinée au grand tapis à langer endroit contre endroit le nid d'abeille. Piquez tout le pourtour en laissant une ouverture de 10 cm dans le bas pour retourner.

6. Crantez les arrondis et retournez sur l'endroit. Repassez et surpiquez tout le pourtour, la surpiqûre fermera l'ouverture.

7. Clipsez votre petit tapis à langer amovible sur le grand tapis. Vous pouvez coudre plusieurs petits tapis amovibles de secours en cas d'accident.

Le sac à langer

8. Prenez vos parties rabat en tissu matelassé et coton imprimé au préalablement thermocollé sur l'envers avec de la Vlieseline. Placez-les endroit contre endroit.

9. Piquez tout le pourtour sauf le haut supérieur. Vous pouvez voir que mon tissu matelassé est identique à l'envers comme à l'endroit.

10. Crantez les arrondis.

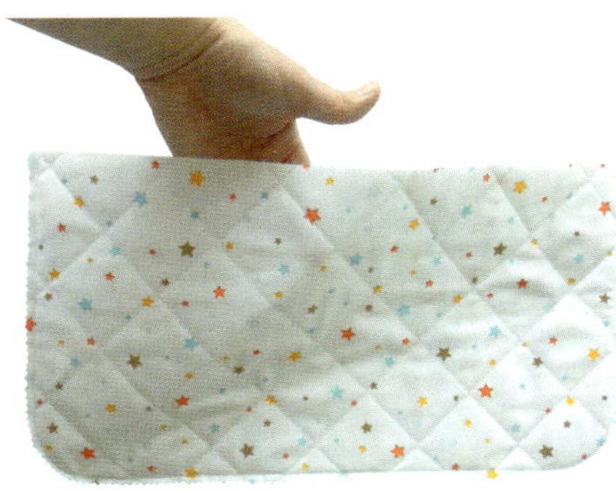

11. Retournez sur l'endroit, repassez et surpiquez le pourtour. Réservez.

12. Prenez votre bande de 10 x 28 cm destinée à maintenir le tapis à langer. Ramenez les longueurs vers le milieu comme un biais, puis pliez encore en 2. Vous obtenez une bande de 2,5 x 28 cm de 4 épaisseurs. Surpiquez les longueurs.

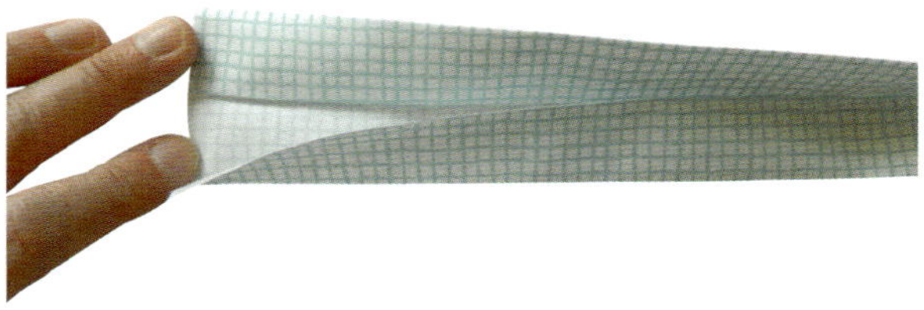

13. Coupez cette bande en deux en son milieu. Insérez les passants rectangulaires de 25 x 14 mm et piquez grossièrement les extrémités.

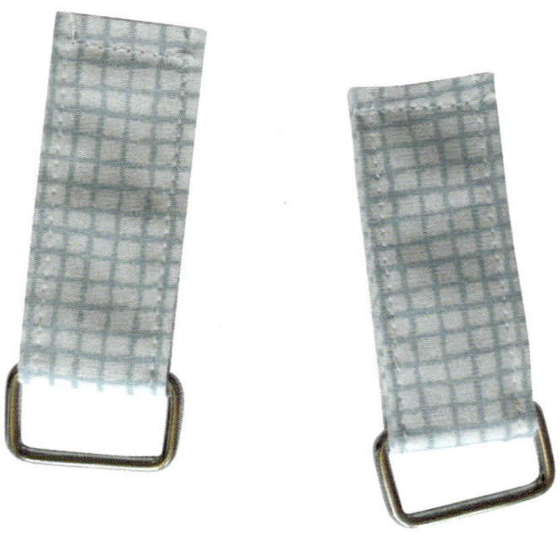

14. Prenez votre bande de 10 x 40 destinée à maintenir le tapis à langer. Refaites l'étape 12 après avoir fait un rentré de 1 cm sur les largeurs. Surpiquez tout le pourtour et coupez cette bande de 2,5 x 40 en 2 en son milieu. Vous obtenez 2 bandes de 2,5 x 20 cm. Réservez.

15. Préparez vos poignées en prenant vos bandes de 60 x 6 cm de coton imprimé au préalablement thermocollées sur l'envers avec du molleton et vos bandes de velours milleraies. Placez-les endroit contre endroit, piquez les longueurs, retournez sur l'endroit et surpiquez les longueurs.

16. Pliez vos 2 poignées sur la largeur. Piquez sur le bord des 2 longueurs en commençant la piqûre et en la terminant à 19 cm des extrémités (là où sont positionnées les pinces).

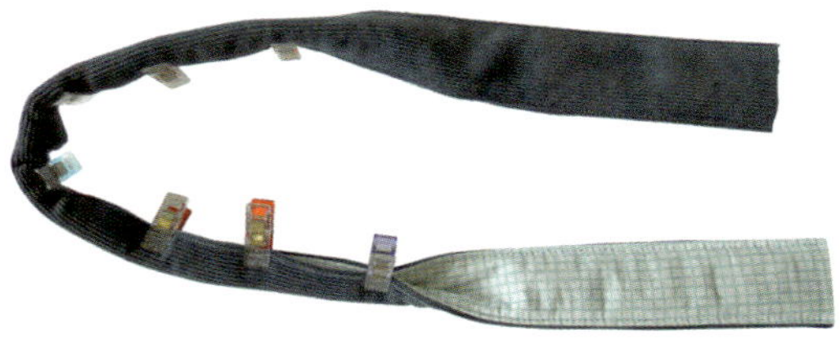

17. Réservez vos poignées.

18. Prenez vos 2 rectangles de 23 x 14 cm en cotons imprimés destinés à la doublure des poches de côté et vos 2 rectangles de 18 x 14 cm en velours milleraies destinés aux poches de côté. Faites un rentré de 2 cm sur le haut supérieur du coton imprimé, puis un revers de 3 cm que vous positionnerez à cheval sur le haut supérieur du velours milleraies. Le coton imprimé et le velours sont envers contre envers. Faites une piqûre sur les longueurs de ce revers de 3 cm pour le fixer.

19. Cousez les boutons décoratifs sur le revers de 3 cm.

20. Placez vos poches sur les côtés extérieurs en velours de 33 x 14 cm. Les bas se superposent. Faites une piqûre sur les côtés des poches à 0,5 cm des bords.

21. Regardez votre schéma de montage du devant extérieur qui est décomposé en 4 parties A, B, C et D. Servez-vous des mesures pour voir où placer tous vos éléments des étapes.

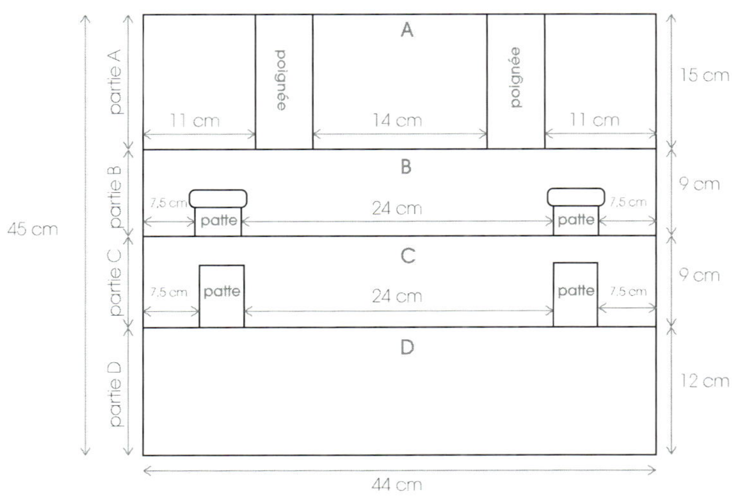

22. Placez vos poignées sur A, vos pattes contenant les passants rectangulaires sur B et vos pattes de l'étape 14 sur C. Piquez tous les éléments sur les bas de vos parties A, B et C à 0,5 cm des bords pour plus de facilité lors du montage.

23. Placez votre partie B endroit contre endroit votre partie A. Le bas de la partie A et le haut de la partie B se juxtaposent. Tracez une ligne horizontale à 2 cm du bas de la partie A et piquez sur cette ligne horizontale.

24. Surpiquez sous la poignée pour aplatir la couture. Refaites l'étape 23 avec le bas de la partie B et le haut de la partie C.

25. Surpiquez sous les pattes contenant les passants pour aplatir la couture. Puis refaites l'étape 23 avec le bas de la partie C et le haut de la partie D. Surpiquez sous les bandes sans passants rectangulaires. Votre devant extérieur est terminé.

26. Prenez votre rectangle de 22 x 44 cm de coton imprimé destiné à la doublure de la poche dorsale (au préalablement thermocollé sur l'envers avec de la Vlieseline) et piquez votre scratch sur l'endroit. Il est situé au milieu à 3 cm du haut supérieur.

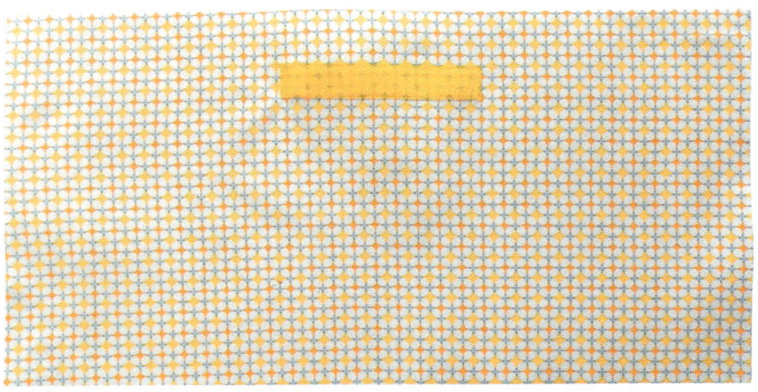

27. Prenez votre rectangle de velours de 22 x 44 cm destiné à la poche dorsale. Placez vos poignées à 11 cm des côtés. Piquez-les à la base à 0,5 cm du bord pour les fixer.

28. Placez vos 2 rectangles endroit contre endroit. Tracez une ligne horizontale à 2 cm du haut supérieur et piquez sur cette ligne.

29. Ramenez la doublure de façon à ce qu'elle se retrouve envers contre envers l'extérieur. Surpiquez le haut supérieur.

30. Placez votre poche dorsale sur votre rectangle de 33 x 44 cm en velours destiné au dos extérieur. Cousez votre seconde partie de scratch et faites une piqûre sur tout le tour de la poche à 0,5 cm du bord pour la fixer. Vos bas se juxtaposent.

31. Prenez votre rectangle de velours de 14 x 44 cm destiné au fond extérieur et assemblez le sur l'envers avec le devant extérieur, puis avec le dos extérieur. **Commencez et terminez votre couture à 1 cm des bords.**

32. Assemblez sur l'envers les côtés au fond. **Commencez et terminez votre couture à 1 cm des bords.**

33. Assemblez sur l'envers les côtés avec le devant puis avec le dos. Votre extérieur est terminé.

34. Prenez votre rectangle de 24 x 50 cm en coton imprimé destiné à la poche intérieure. Faites un rentré de 2 cm sur le haut supérieur puis un autre revers de 2 cm. Piquez sur les longueurs de ce revers de 2 cm.

35. Prenez votre élastique plat de 44 cm et une grosse épingle à nourrice. Passez l'élastique dans le revers et bloquez-le aux extrémités. L'élastique est volontairement plus petit pour donner à la poche du bouffant et du volume.

36. Placez votre poche sur le devant de votre doublure en tissu matelassé. Les bas se superposent. Piquez tout le pourtour de la poche à 0,5 cm du bord. Répartissez bien les plis de la poche sur le bas.

37. Prenez votre biais de 45 cm et votre poche en tissu cristal de 22 x 44 cm. Placez le biais à cheval sur le haut supérieur et piquez sur toute la longueur pour le fixer. Utilisez votre pied Téflon.

38. Placez votre poche sur votre devant doublure en matelassé. Les bas coïncident. Faites une piqûre sur tout le pourtour à 0,5 cm du bord. Utilisez votre pied Téflon.

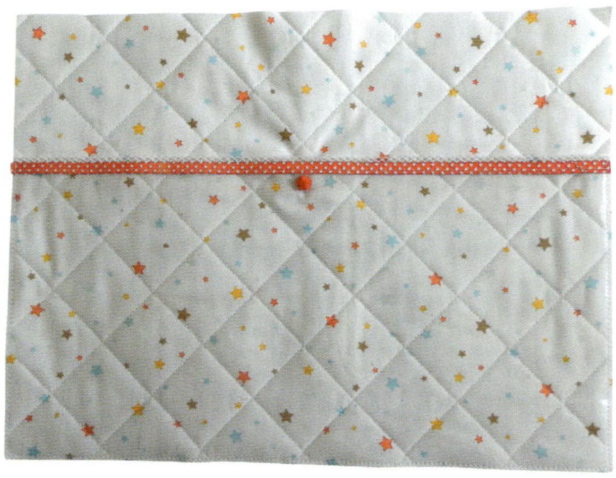

39. Assemblez votre doublure sur l'envers comme pour votre extérieur. Laissez une ouverture dans le fond de la doublure côté poche en coton pour pouvoir retourner sur l'endroit.

40. Retournez votre doublure sur l'endroit.

41. Retournez votre extérieur sur l'envers.

42. Placez votre rabat dans votre extérieur. Le devant du rabat fait face au dos extérieur, celui qui n'a pas les pattes destinées à maintenir le tapis à langer.

43. Rentrez votre doublure dans votre extérieur. Épinglez tout le tour supérieur et piquez-le.

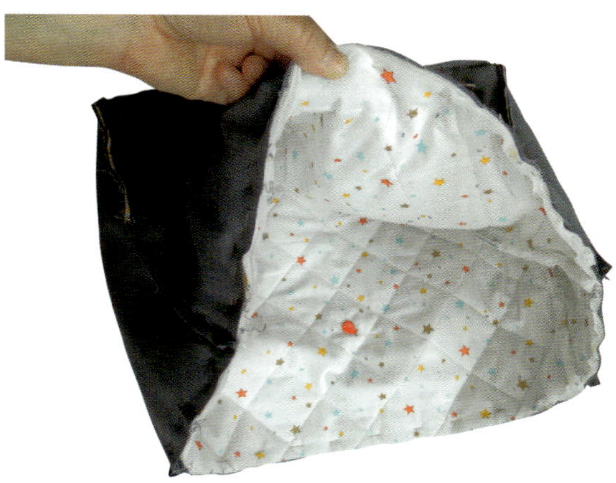

44. Retournez votre ouvrage sur l'endroit par l'ouverture laissée dans la doublure. Fermez cette dernière à points discrets et rentrez-la dans l'extérieur.

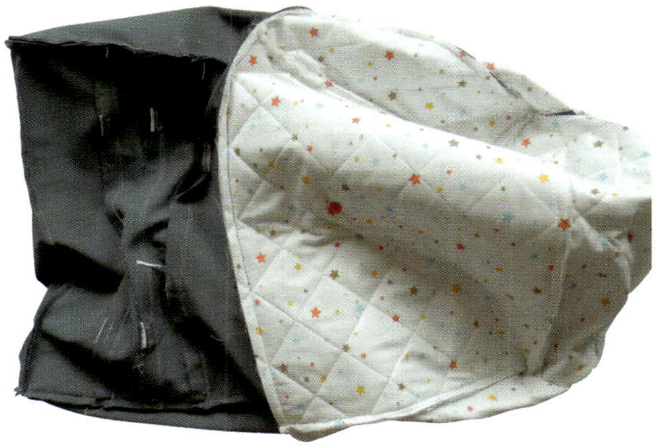

45. Prenez vos rectangles de cotons imprimés destinés aux pattes de côté pour la bandoulière. Faites un rentré de 1 cm sur les côtés de 10 cm. Ramenez les longueurs de 16 cm vers le milieu comme un biais, puis encore en 2. Vous obtenez 2 rectangles de 4 x 8 cm de 4 épaisseurs. Pliez-les en 2 et insérez vos passants rectangulaires de 40 x 20 cm.

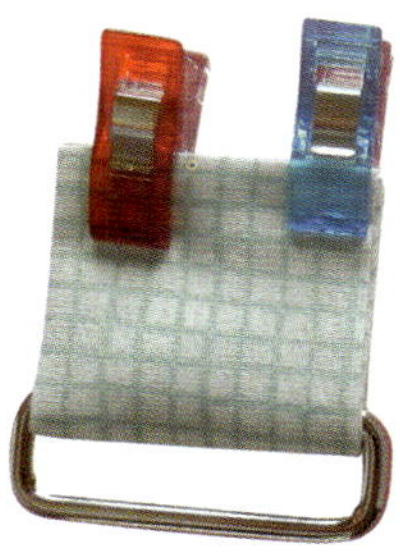

46. Piquez-les sur les côtés au milieu à 4 cm du haut supérieur des poches. N'hésitez pas à piquer plusieurs fois pour davantage de solidité.

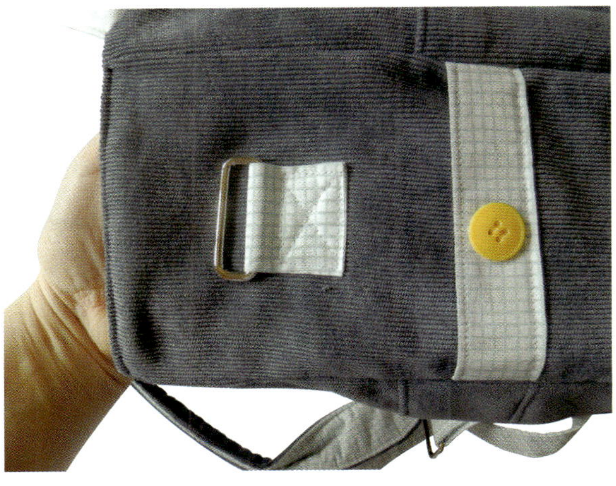

47. Placez vos pressions résine mâles et femelles sur les côtés. Elles sont situées à 2 cm du haut supérieur et à 3 cm des côtés.

48. Prenez vos 2 bandes de cotons imprimé destinées à la bandoulière. Faites un rentré de 1 cm sur les 2 largeurs et repliez les longueurs vers le milieu.

49. Prenez votre sangle gros grain. Placez une des extrémités dans une de vos bandes de coton de l'étape précédente. Ne rentrez que 14 cm de sangle.

50. Refermez votre bande sur la sangle.

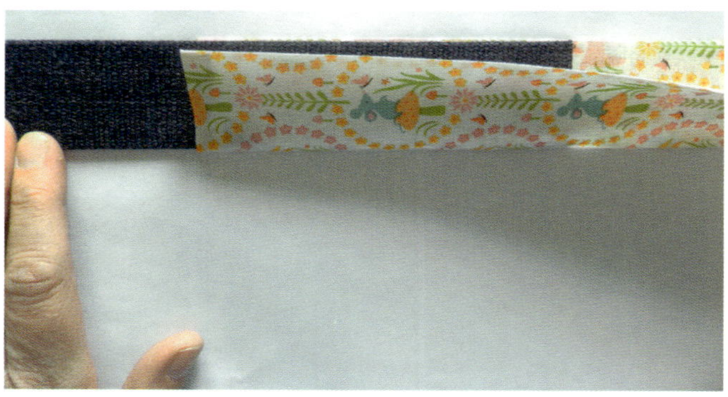

51. Épinglez tout le pourtour et piquez. Procédez de la même façon avec l'autre extrémité de la sangle et la seconde patte de coton imprimé.

52. Placez vos pressions résine de façon équidistante.

53. Placez vos pressions résine mâles sur le rabat. Elles sont situées à 2 cm du bas du rabat et à 6 cm des côtés. Servez-vous des pressions mâles pour placer les pressions femelles sur le devant extérieur.

54. Placez vos pressions résine sur les pattes réglables. Rentrez votre tapis à langer nomade roulé pour pouvoir les fixer correctement.

Pochette Edgar le renard

Fournitures

Les mesures sont données sur laize.

- 30 cm de suédine marron ou orange pour l'extérieur, les oreilles et le rabat
- 30 cm de cotons divers et variés pour la doublure, la doublure des oreilles, la doublure du rabat, les pattes de côté destinées à attacher la bandoulière et le nœud papillon
- Un petit morceau de scratch de 5 cm pour fermer la pochette
- Un petit morceau de simili-cuir blanc de 15 x 20 cm pour le museau
- Des petites chutes de simili-cuir fuchsia et noir pour la pommette et l'œil
- Un petit pompon provenant d'un galon pompon pour le nez
- De la colle type glue pour coller l'œil et le pompon
- Un lacet de cuir d'au moins 0,5 cm de large et de 120 cm de long pour la bandoulière ; privilégiez le cuir qui sera plus solide à l'usage
- Un peu de scotch double face pour fixer le museau temporairement au rabat avant de le coudre

Dimensions : 15 x 19 cm (sans compter les oreilles)
Difficulté : ★

Cette pochette est relativement petite. Elle est conçue pour amener le strict minimum. Rien ne vous empêche d'agrandir le patron si vous la souhaitez plus grande.

Patron

Marges de couture de 0,75 cm comprises. **Les marges de couture ne sont pas comprises pour les oreilles et le museau.**

Planche 2 - Patron BLEU

Sur ce modèle, seule la bandoulière, les pattes de côté destinées à fixer la bandoulière et le nœud papillon ne sont pas sur planche patron. Veuillez reporter les mesures ci-jointes.

Les mesures sont données en hauteur x longueur.

Extérieur : Coupez dans la suédine 1 x devant, 1 x dos et 1 x rabat.

Doublure : Coupez dans le coton imprimé 1 x devant, 1 x dos et 1 x rabat.

Oreilles : Reportez votre gabarit oreille sur l'envers de votre ensemble coton et doublure disposés endroit contre endroit. Piquez directement sur votre trait de crayon tout le tour sauf le bas.

Museau : Coupez dans simili-cuir blanc 1 x museau, coupez dans simili-cuir fuchsia 1 x pommette et coupez dans simili-cuir noir 1 x œil.

Pattes destinées à fixer la bandoulière : Coupez dans coton imprimé 1 rectangle de 8 x 10 cm.

Nœud papillon : Coupez dans coton imprimé 2 rectangles de 22 x 12 cm et 1 rectangle de 10 x 6 cm.

Mes conseils

Pour coudre de la suédine, utilisez une aiguille standard de taille 90 et le pied standard de votre machine à coudre. Pour coudre le simili-cuir, utilisez une aiguille spécial jeans ou cuir taille 90 et un pied Téflon. Si la découpe de l'œil vous fait peur, vous pouvez le remplacer par une pression résine, un œil sécurisé que vous couperez au dos avec une pince après l'avoir fixé ou bien le dessiner avec un marqueur permanent.

Confection

1. Prenez votre doublure de rabat en coton imprimé et piquez le scratch dessus. Il est situé à 9,5 cm du haut supérieur. Centrez-le au milieu.

2. Placez votre extérieur rabat en suédine endroit contre endroit votre doublure de rabat en coton. Épinglez le pourtour.

3. Piquez tout le pourtour sauf le haut supérieur. Crantez tout le tour.

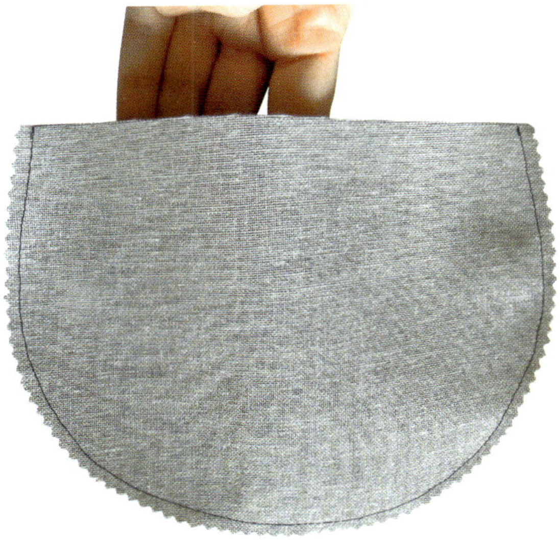

4. Retournez sur l'endroit par le haut. Surpiquez tout le pourtour. Utilisez un fil de canette raccord avec la couleur de la doublure !

5. Prenez votre museau. Servez-vous du patron pour placer la pommette et cousez-la après l'avoir collée avec de la colle textile. Puis collez votre œil avec de la colle type glue. Pour davantage de solidité, vous pouvez faire une piqûre sur l'arrondi de l'œil.

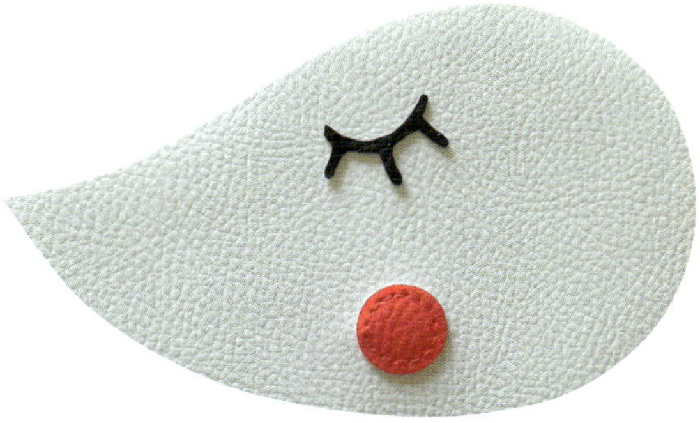

6. Placez votre museau sur le devant du rabat. Mettez un peu de scotch double face sous le museau afin qu'il ne bouge pas pendant la couture. Piquez tout le pourtour pour le fixer sur le devant du rabat. Utilisez un pied Téflon. Rentrez les fils au dos avec une aiguille.

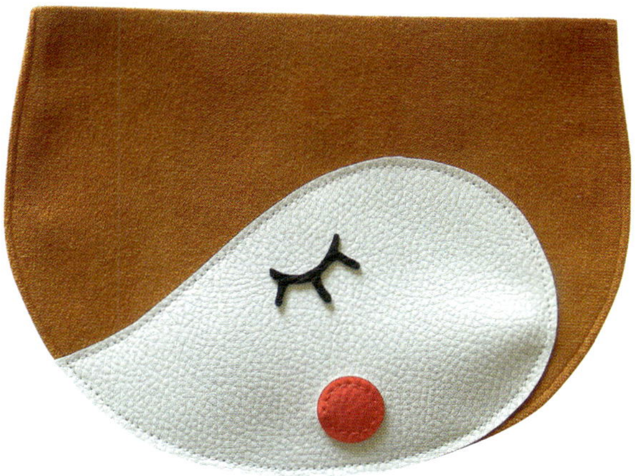

7. Prenez un morceau de coton imprimé et un morceau de suédine. Placez-les endroit contre endroit et reportez les oreilles comme indiqué dans la partie patron.

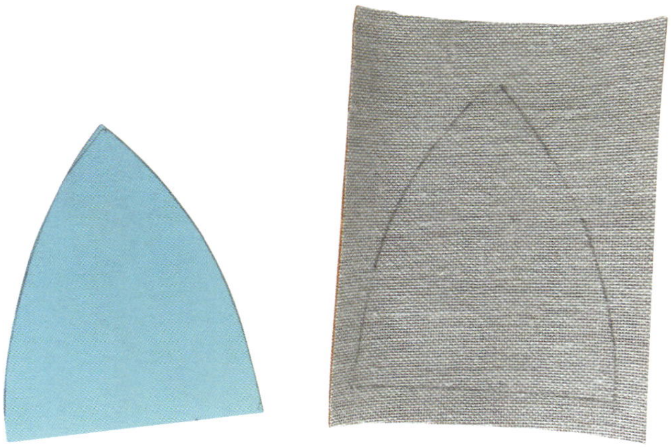

8. Coupez tout autour du trait de gabarit, crantez et retournez sur l'endroit. Repasser sur le coton imprimé et non sur la suédine !

9. Placez vos oreilles sur le haut supérieur du rabat comme sur la photo. Maintenez-les avec des pinces et piquez-les à la base à 0,5 cm du bord pour davantage de facilité lors du montage.

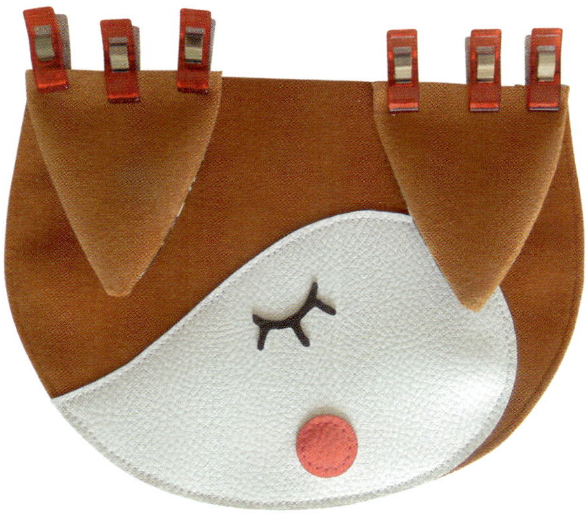

10. Prenez votre rectangle de coton imprimé de 8 x 10 cm destiné aux pattes pour la bandoulière. Ramenez les bords de la longueur vers le centre et repliez comme un biais. Vous obtenez une bande de 2 x 10 cm de 4 épaisseurs. Surpiquez les longueurs.

11. Coupez cette bande en 2. Pliez les deux morceaux de 2 x 5 cm obtenus en deux. Piquez grossièrement les bouts.

12. Prenez votre devant extérieur en suédine. Piquez votre seconde partie de scratch. Servez-vous des repères du patron. Placez vos pattes de bandoulière comme sur la photo. Servez-vous des repères du patron. Piquez-les à 0,5 cm du bord pour davantage de facilité au montage.

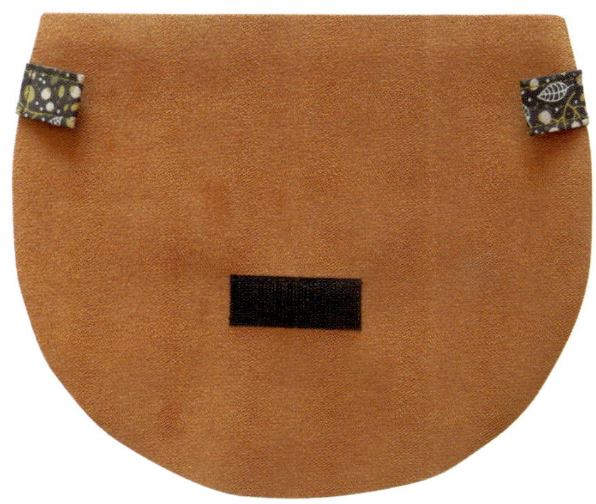

13. Prenez votre dos extérieur et placez-le endroit contre endroit le devant extérieur. Épinglez le pourtour. Piquez tout le pourtour sauf le haut supérieur. Crantez.

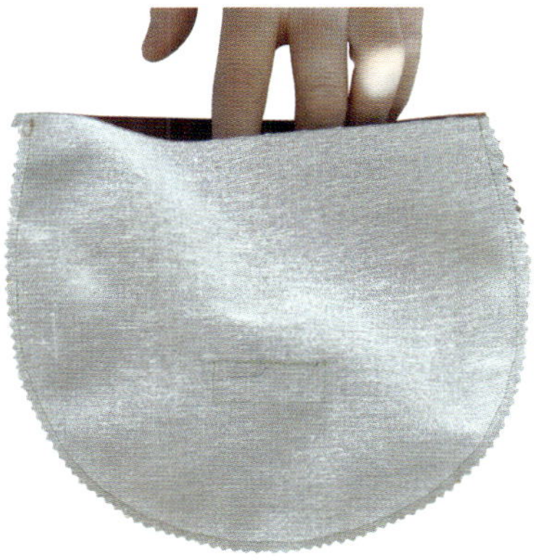

14. Prenez votre doublure dos et devant et placez-la endroit contre endroit. Assemblez-la sur l'envers de la même façon que l'extérieur. **N'oubliez pas de laisser une ouverture dans le fond de la doublure pour retourner votre ouvrage !**

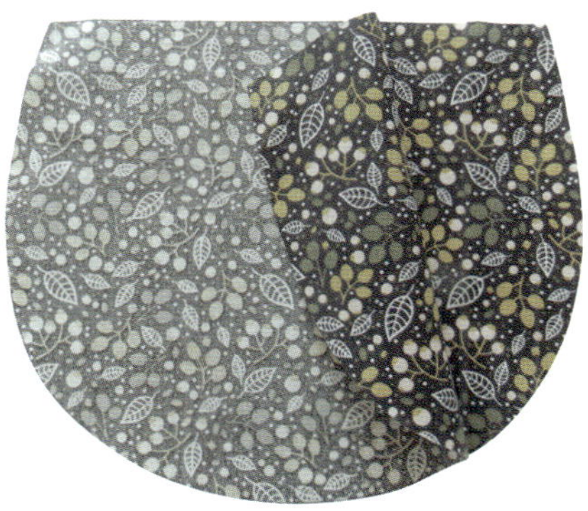

15. Retournez votre extérieur sur l'envers et votre doublure sur l'endroit.

16. Rentrez votre doublure à l'endroit dans votre extérieur à l'envers.

17. Glissez votre rabat entre le dos extérieur (celui qui n' a pas de scratch) et la doublure. Il est donc pris en sandwich entre le dos extérieur et l'endroit de la doublure.

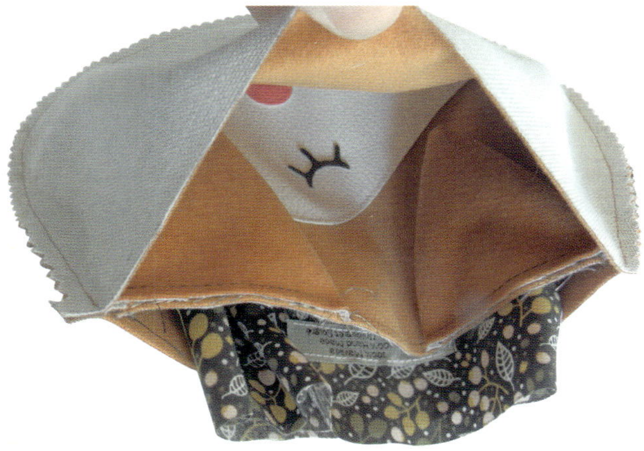

18. Épinglez tout le tour supérieur.

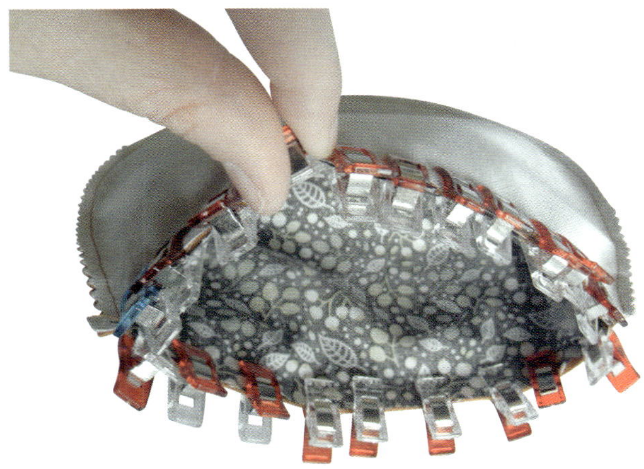

19. Piquez tout le tour supérieur.

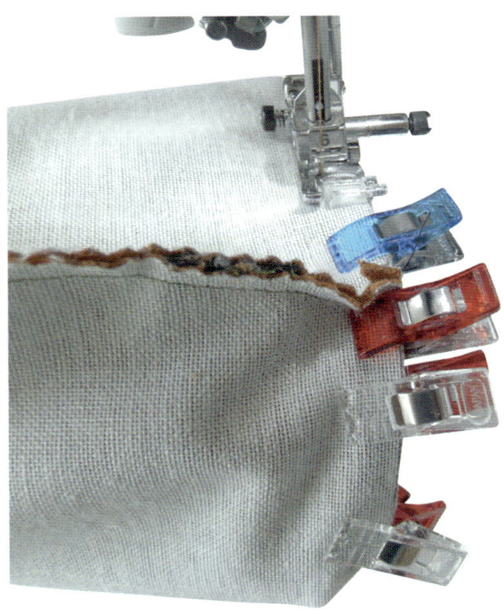

20. Retournez sur l'endroit par l'ouverture laissée dans la doublure. Rentrez votre doublure dans le sac et fermez discrètement l'ouverture à petits points.

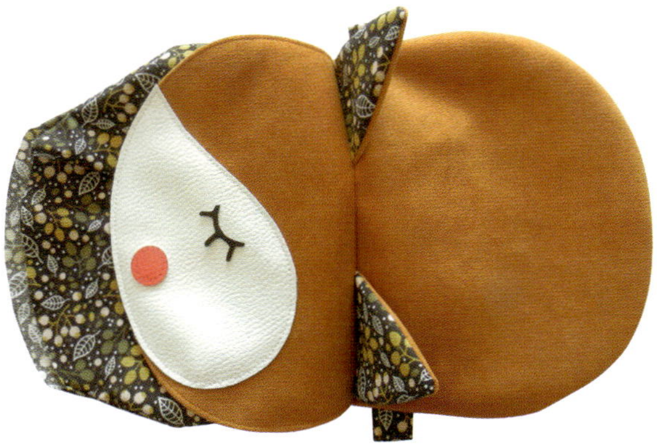

21. Prenez vos deux rectangles de coton imprimé de 22 x 12 cm destinés au nœud papillon. et placez-les endroit contre endroit. Piquez tout le pourtour et laissez une ouverture sur une des largeurs pour pouvoir retourner sur l'endroit. Coupez vos angles au ras. Retournez par l'ouverture laissée dans une des largeurs. Repassez. Inutile de surpiquer le pourtour et de fermer l'ouverture laissée.

22. Prenez votre rectangle de 10 x 6 cm destiné au milieu du nœud papillon. Faites un rentré de 1 cm sur les largeurs et repliez les longueurs comme un biais puis encore en deux. Vous obtenez un rectangle de 2,5 x 4 cm de 4 épaisseurs. Surpiquez tout le pourtour.

23. Pliez le rectangle de coton imprimé de l'étape 21 grossièrement en 3 parties dans le sens de la longueur. Entourez-le du petit rectangle de l'étape 22 destinée au milieu. Fixez avec un point de couture discret le nœud papillon au sac.

24. Collez avec de la colle type glue le pompon noir destiné au nez sur le museau et passez le lacet de cuir destiné à la bandoulière dans les passants de côté. Faites deux petits nœuds pour que le lacet ne s'échappe pas des passants. Les nœuds permettront de régler la longueur de la bandoulière.

Autour des sacs et des trousses pour enfants

Sac Oscar et Lily

Fournitures

Les mesures sont données sur laize.

Pour les portraits lapine et ours avec appliqué :

- 15 cm de jean rayé pour le tissu de fond
- 15 cm de Vlieseline thermocollante type H250 pour entoiler le tissu de fond
- 1 carré de simili-cuir bleu turquoise de 24 x 24 cm pour le cadre feston lapine
- 1 carré de simili-cuir jaune de 24 x 24 cm pour le cadre feston ours
- Des petites chutes de simili-cuirs de couleurs diverses et variées pour les appliqués lapine et ours
- 4 petites perles de rocaille noires pour les yeux de la lapine et de l'ours
- 3 petits boutons pour les vêtements de la lapine et de l'ours
- De la colle textile pour coller vos petites pièces avant de les coudre, du scotch repositionnable et/ou double face
- Un petit morceau de tulle bleu pour le nœud papillon de l'ours
- Un petit pompon issu d'un galon pompon pour le chapeau pointu de l'ours

Pour le sac :

- 80 cm de jean pour l'extérieur, les poches extérieures et la bandoulière
- 50 cm de tissu matelassé pour la doublure
- 50 cm de cotons divers et variés pour la doublure des poches extérieures, les pattes contenant les anneaux des poignées, les poignées, la doublure de la bandoulière, les poches de côté extérieures et les pattes insérées dans la bandoulière
- 40 cm de Vlieseline thermocollante type H250 pour la doublure des poches extérieures, les poignées et la bandoulière
- 2 x 10 cm de scratch pour les poches extérieures
- 4 anneaux en plastique transparents de 25 mm pour les pattes contenant les poignées
- 2 passants rectangulaires en métal de 30 x 10 mm pour les pattes contenant la bandoulière
- 2 mousquetons en plastique transparents de 25 mm pour la bandoulière
- 2 x 8 cm de sangle gros grain de 30 mm pour les pattes contenant la bandoulière
- 2 x 55 cm de passepoil pour la fermeture Éclair
- Une fermeture Éclair non séparable de 50 cm (ici elle est bicolore)
- 2 rectangles de tissu cristal transparent de 17 x 43 cm pour les poches intérieures
- 2 morceaux de biais de 43 cm pour les poches intérieures
- 2 jeux de pressions résine pour les poches intérieures
- 8 jeux de pressions résine pour les poignées
- 2 boutons décoratifs à coudre pour les poches de côté en coton imprimé
- Quelques pressions résine en étoile si vous souhaitez en rajouter pour décorer le sac

Dimensions : 28 x 36 cm

Difficulté : ★ ★

Mes conseils

Vous pouvez remplacer le jean par de la gabardine (coton assez épais), du velours milleraies, du tissu enduit ou même du simili-cuir. Pour coudre le jean, utilisez une aiguille spécial jeans de taille 90 ou 100 et le pied standard de votre machine à coudre. Pour les appliqués en simili-cuir, utilisez un pied Téflon. Si vous ne faites pas les appliqués enfantins, ce sac peut être détourné en sac pour adulte.

Patron

Marges de couture de 1 cm comprises.

Planche 4 - Patron BLEU

Sur ce modèle, seuls le dos, le devant, les poches extérieures, les gabarits pour les cadres festonnés, les appliqués et l'empiècement doublure destiné à la fermeture Éclair sont sur planche patron. Pour le reste veuillez reporter les mesures ci-jointes. Elles sont données en **hauteur x longueur**.

Portraits avec cadres festonnés : Coupez dans le jean rayé et la Vlieseline thermocollante un morceau de 40 x 20 cm. Pour les appliqués en simili-cuir et les cadres festonnés, reportez vos gabarits sur l'envers de votre simili-cuir au stylo. Coupez **directement** sur votre trait de crayon.

Extérieur : Coupez dans le jean 1 x devant, 1 x dos, 2 x poche extérieure, 2 côtés de 19,5 x 15 cm, 2 bandes de 9 x 55 cm pour la partie contenant la fermeture Éclair, 1 rectangle de 15 x 40 cm pour le fond et 1 bande de 6 x 95 cm pour la bandoulière. Coupez dans le coton imprimé 2 rectangles de 30 x 15 cm pour les poches de côté.

Doublure de poches extérieures : Coupez dans le coton et la Vlieseline thermocollante 2 x poche extérieure.

Doublure : Coupez dans le tissu matelassé 1 x devant, 1 x dos, 1 x empiècement doublure fermeture Éclair, 2 côtés de 19,5 x 15 cm et 1 rectangle de 15 x 40 cm pour le fond.

Poches intérieures : Coupez dans le tissu cristal transparent 2 rectangles de 17 x 43 cm et dans biais 2 morceaux de 43 cm.

Bandoulière : Coupez dans le jean et la Vlieseline thermocollante et le coton imprimé 1 bande de 6 x 95 cm. Coupez 1 rectangle de 10 x 18 cm pour les pattes insérées dans la bandoulière.

Pattes contenant les anneaux de poignées : Coupez dans le coton 2 rectangles de 10 x 16 cm.

Poignées : Coupez dans le coton imprimé et la Vlieseline thermocollante 2 rectangles de 10 x 50 cm.

Petit nœud papillon de l'ours : Prenez un morceau de tulle de 6 x 4 cm que vous replierez. Enroulez au milieu un morceau de fil à coudre, faites un nœud et fixez avec ce fil et une aiguille à coudre, le nœud à votre appliqué.

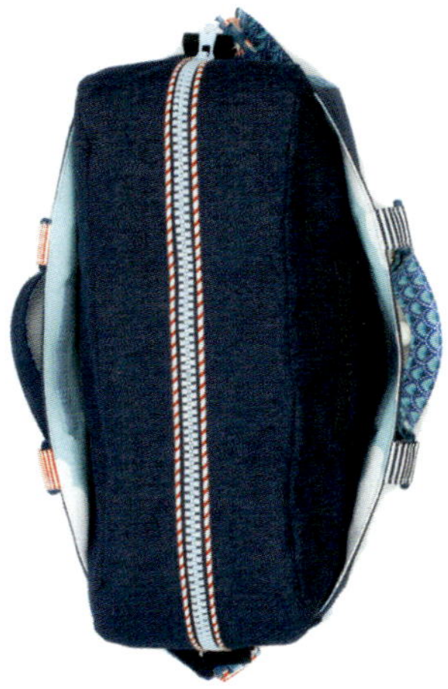

À savoir

Si vous ne voulez pas acheter de tissu matelassé, vous pouvez le matelasser vous-même avec du molleton et du coton sur lequel vous tracerez un quadrillage au stylo effaçable. Piquez sur le quadrillage avec un fil de même tonalité que votre coton après avoir épinglé votre doublure à votre molleton pour éviter que ça ne bouge. Puis découpez vos gabarits dans votre tissu matelassé. Pour un résultat plus propre je surfile mes pièces matelassées avec le point zig zag de ma machine à coudre ou une surjeteuse.

Confection

1. Prenez votre morceau de jean rayé de 40 x 20 cm au préalablement thermocollé sur l'envers avec de la Vlieseline et reportez vos 2 gabarits fond de cadre sur l'endroit du jean afin de le positionner correctement sur la verticale des rayures. Le trait du stylo sera invisible puisque placé sous le cadre festonné en simili-cuir.

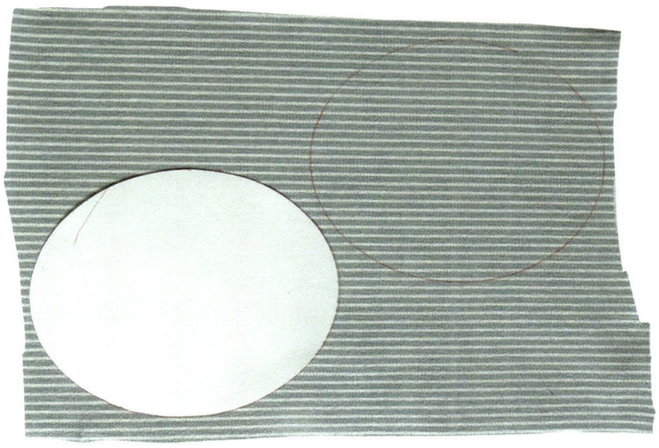

2. Découpez directement sur vos traits de crayon. Vous obtenez 2 fonds de cadre.

3. Placez la robe de votre lapine. Mettez un petit peu de colle textile sous les bras et collez-les sous les manches. Vous pouvez mettre un peu de scotch double face sous la robe pour la maintenir collée au tissu. Piquez tout le pourtour de la robe à l'aide d'un pied Téflon. Puis piquez les bras. Rentrez les fils à l'aide d'une aiguille et faites un nœud au dos.

4. Placez la tête sur la robe et mettez un peu de scotch double face à l'arrière pour la maintenir au tissu. Piquez le pourtour. Collez l'intérieur rose de l'oreille avec de la colle type glue.

5. Piquez l'intérieur des oreilles, découpez avec une perforatrice le nez et la pommette. Collez-les et faites un point à la main dessus avec un fil de même tonalité pour éviter que ça ne se décolle à l'usage. Passez un fil dans chaque perle de rocaille et fixez-les à la main. Faites un nœud au dos pour éviter que ça ne bouge. Cousez vos boutons sur la robe.

6. Placez votre fond de cadre sur une des poches extérieures en jeans. Piquez le pourtour à 0,5 cm du bord pour plus de facilité lors du montage.

7. Prenez votre cadre festonné en simili-cuir et placez-le sur le fond de cadre en vous servant du patron. Je vous conseille d'utiliser du scotch repositionnable pour maintenir votre cadre lors de la couture. Évitez d'épingler, cela ferait des trous inesthétiques dans votre simili-cuir. Dans un premier temps, cousez la bordure interne du cadre. Puis cousez la bordure externe. Rentrez les fils du début et de la fin et faites un nœud dans le dos. Votre premier cadre festonné est terminé. Réservez.

8. Prenez votre second fond de cadre et commencez à coudre votre appliqué ours comme pour la lapine. Après avoir collé les manches sous le haut rouge, piquez le pourtour du haut rouge et ensuite les manches blanches.

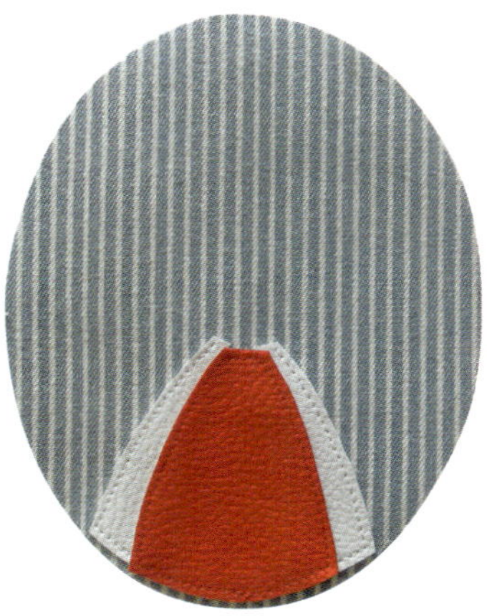

9. Collez la tête, piquez le pourtour. Collez le museau et piquez-le. Procédez comme à l'étape 5 pour les yeux et le nez.

10. Cousez le chapeau et le pompon en simili-cuir. Servez-vous du fil du nœud de tulle pour le fixer et nouez-le sur l'envers. Vous pouvez coller un petit pompon découpé d'un galon pompon et le coller avec de la glue sur votre pompon en simili-cuir pour un effet 3D. Procédez comme à l'étape 6 et 7 avec votre cadre festonné jaune et votre seconde poche extérieure.

11. Prenez votre doublure de poche extérieure au préalablement thermocollée sur l'envers avec de la Vlieseline thermocollante. Prenez votre morceau de scratch et piquez-le au milieu à 3 cm du haut supérieur. Pour le côté esthétique, j'ai utilisé 2 couleurs de scratch afin qu'elles se fondent le plus discrètement possible sur la doublure et sur l'intérieur de la poche.

12. Prenez un de vos rectangles de 10 x 16 cm destinés aux pattes contenant les anneaux de la poignée. Ramenez les longueurs vers le milieu comme un biais, puis repliez encore en 2. Vous obtenez une bande de 2,5 x 16 cm de 4 épaisseurs. Surpiquez les longueurs.

13. Coupez cette bande en son milieu, insérez vos anneaux en plastique et piquez grossièrement les bouts.

14. Placez les pattes contenant les anneaux sur le haut supérieur de la poche extérieure. Elles sont placées à 10 cm des côtés. Piquez-les à 0,5 cm du bord pour plus de facilité lors du montage.

15. Placez votre doublure contenant le scratch endroit contre endroit votre poche extérieure. Piquez la longueur du haut supérieur à 1 cm du bord.

16. Replacez la doublure envers contre envers la poche extérieure et faites une surpiqûre sur le haut supérieur.

17. Servez-vous de la première partie du scratch pour coudre la seconde partie sur le dos extérieur du sac. Placez votre poche sur votre dos extérieur et piquez tout le pourtour de la poche au dos extérieur à 0,5 cm du bord.

18. Refaites les étapes 11, 12, 13, 14, 15, 16, et 17 pour la seconde poche et le devant extérieur.

19. Prenez votre premier bout de passepoil de 55 cm et placez-le bord à bord sur l'endroit de votre fermeture Éclair comme sur la photo et épinglez.

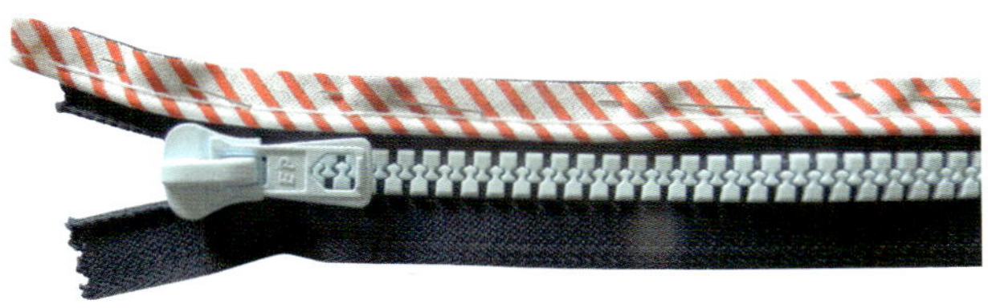

20. Piquez le passepoil sur la fermeture le long du petit boudin. Utilisez un pied à fermeture Éclair ou à passepoil.

21. Prenez votre première bande en jean de 9 x 55 cm pour la partie contenant la fermeture Éclair et placez votre fermeture endroit contre endroit et bord à bord avec la longueur du dessus de la bande. Le passepoil se retrouve en sandwich et on peut voir sa piqûre en blanc.

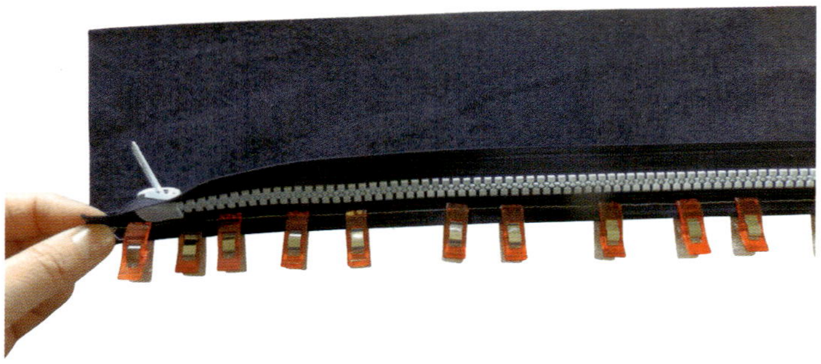

22. Piquez sur la première piqûre blanche qui a servi à fixer le passepoil.

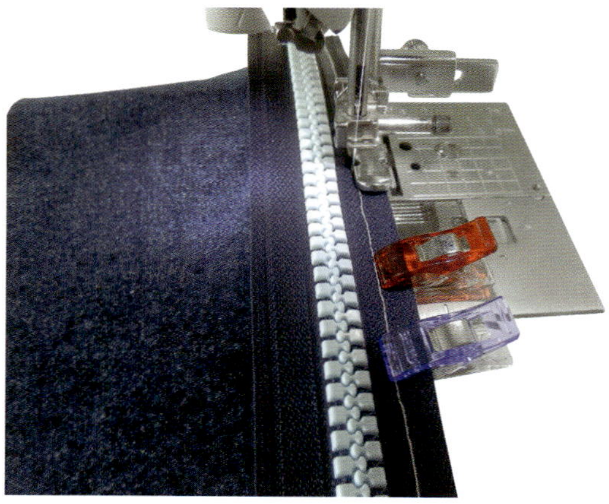

23. Refaites les étapes 19, 20, 21 et 22 avec la seconde partie de passepoil et la seconde bande en jean de 9 x 55 cm.

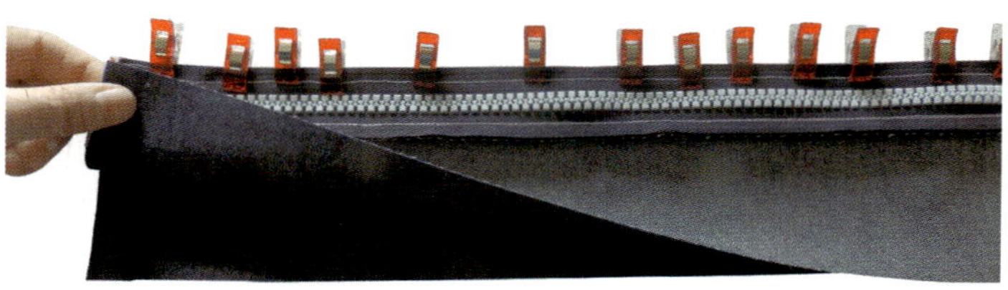

24. Repliez le jean et repasser pour aplatir les coutures.

25. Faites une surpiqûre le long du passepoil.

26. Prenez votre partie contenant votre fermeture et coupez les longueurs de façon à obtenir un rectangle de 15 x 55 cm. Utilisez comme repère le milieu de la fermeture Éclair.

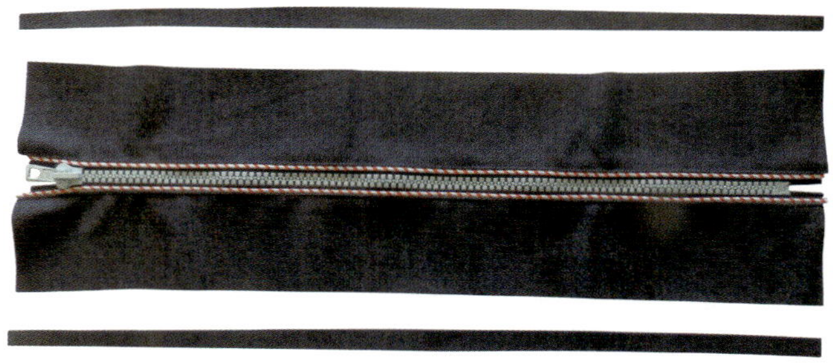

27. Prenez vos 2 morceaux de sangle gros grain de 8 cm pour les pattes contenant la bandoulière. Pliez-les en 2, insérez vos passants rectangulaires en métal et piquez grossièrement les bouts.

28. Placez vos 2 pattes au milieu des côtés de votre partie contenant votre fermeture Éclair et bord à bord avec les largeurs. Piquez à 0,5 cm des bords.

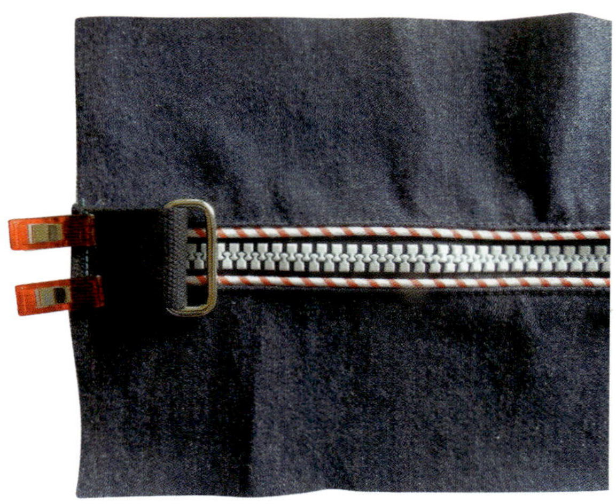

29. Prenez votre côté de 19,5 cm x 15 cm en jean et placez-le endroit contre endroit et bord à bord avec votre partie contenant la fermeture Éclair. Faites un trait à 2 cm du bord et piquez sur ce trait.

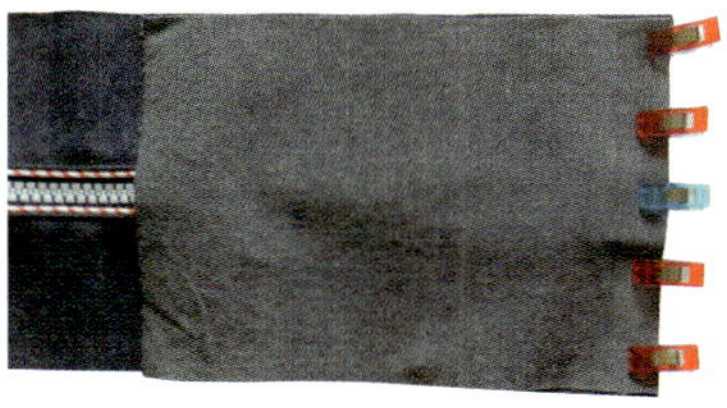

30. Repliez sur l'endroit et surpiquez sur toute la largeur sous la pliure.

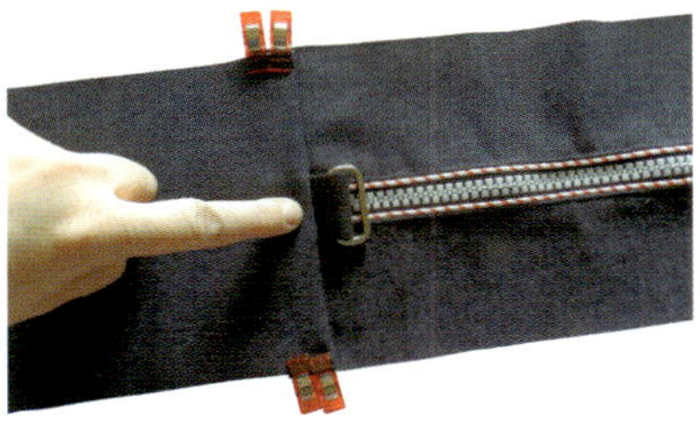

31. Prenez vos morceaux de coton imprimé de 30 x 15 cm pour les poches extérieures de côté et pliez -les en 2 dans le sens de la hauteur. Vous obtenez un carré de 15 x 15 cm. Surpiquez sous la pliure. Attention au sens des motifs !

32. Placez vos 2 poches sur les côtés en jean. Les fonds se superposent. Piquez les côtés à 0,5 cm des bords.

33. Placez votre bande fermeture Éclair/côtés endroit contre endroit avec le devant extérieur. Commencez par faire coïncider le milieu de la partie fermeture Éclair avec le milieu du haut du devant. Épinglez et piquez tout le pourtour. **Commencez les coutures à 1 cm du bord et terminez-les à 1 cm du bord !**

34. Refaites l'étape 33 avec le dos extérieur.

35. Assemblez sur l'envers le fond extérieur. Votre extérieur est terminé. **N'oubliez pas d'ouvrir votre fermeture Éclair sinon vous ne pourrez pas retourner sur l'endroit !**

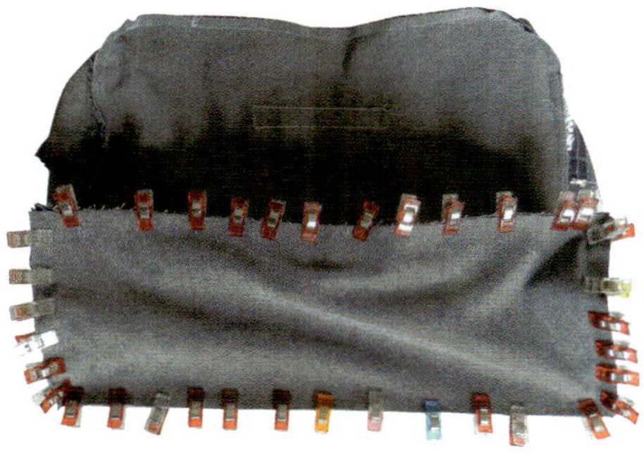

36. Prenez votre rectangle de 17 x 43 cm de tissu cristal pour les poches intérieures et placez votre biais à cheval sur le haut supérieur.

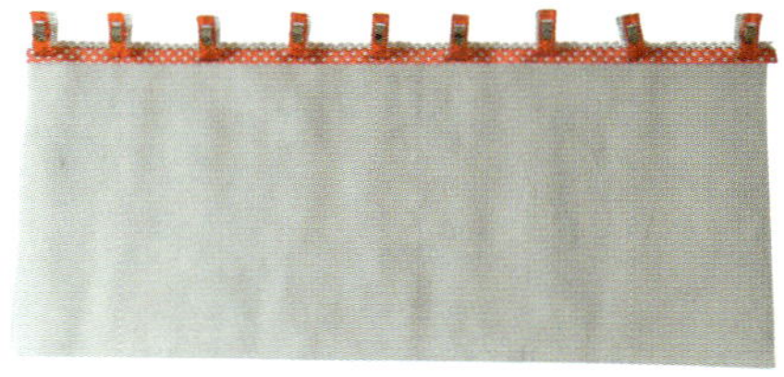

37. Piquez la bordure du biais à votre tissu cristal en utilisant un pied Téflon.

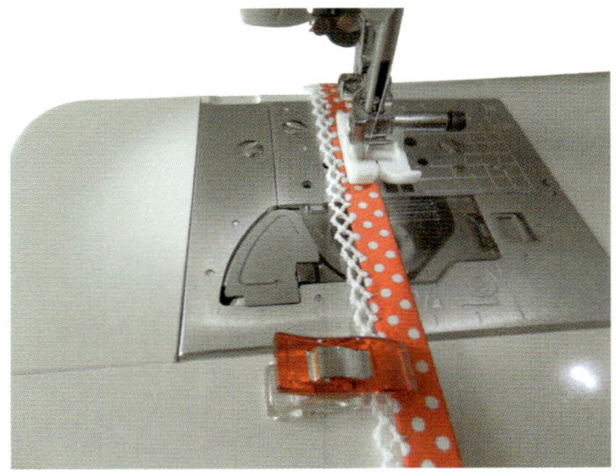

38. Placez votre poche sur le devant de la doublure. Faites coïncider les bas. Coupez ce qui dépasse sur le côté et piquez les côtés à 0,5 cm des bords.

39. Refaites l'étape 36, 37, et 38 avec le dos de la doublure et la seconde poche en tissu cristal. Placez une pression résine sur les milieux des poches.

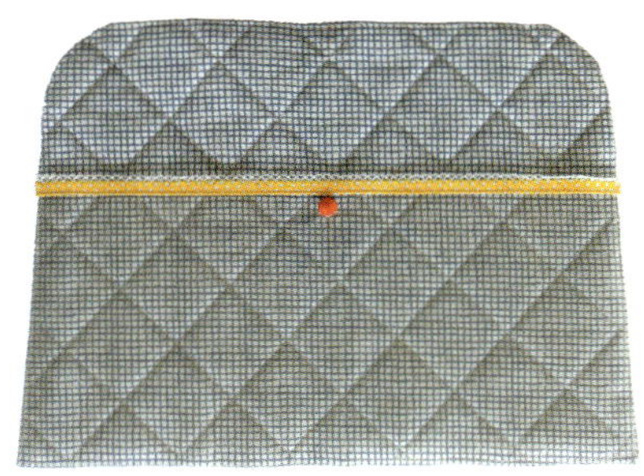

40. Assemblez sur l'envers la partie doublure fermeture Éclair et les côtés. Piquez sur les largeurs à 2 cm du bord.

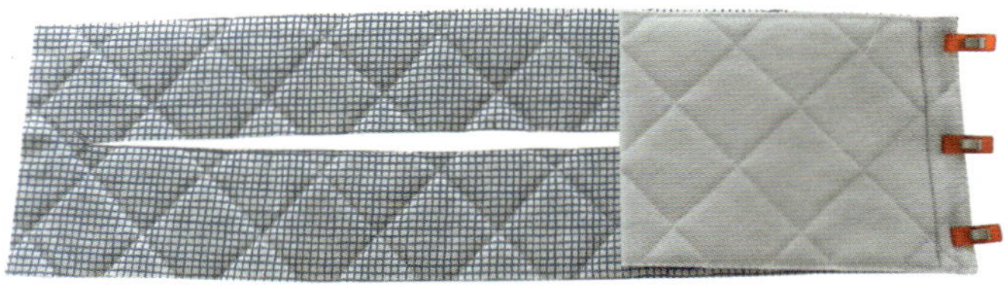

41. Vous obtenez une bande contenant la partie doublure fermeture Éclair et les côtés.

42. Assemblez sur l'envers le devant doublure et la bande de pourtour comme pour l'extérieur. N'oubliez pas de commencer vos coutures et de les terminer à 1 cm du bord !

43. Assemblez le dos doublure à la bande de pourtour. Puis assemblez le fond.

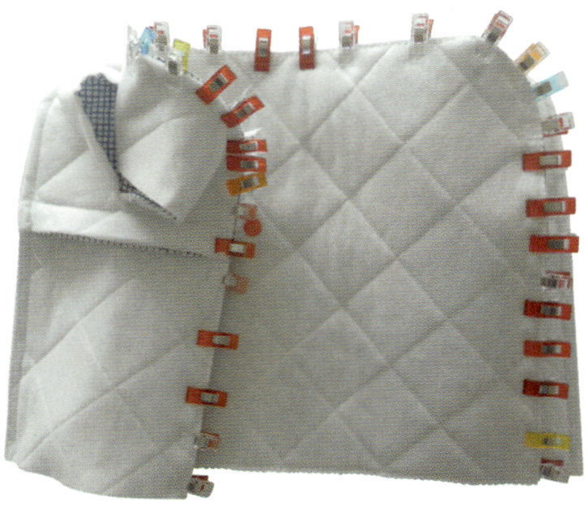

44. Retournez votre doublure sur l'endroit par la fente destinée à la fermeture Éclair et retournez votre extérieur sur l'envers.

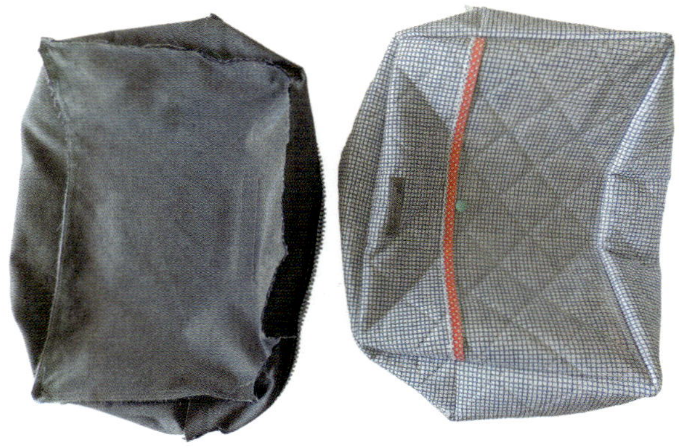

45. Placez votre extérieur à l'envers dans votre doublure à l'endroit par votre fente destinée à la fermeture Éclair. Faites un revers interne tout le tour de la fermeture Éclair. Épinglez bien pour maintenir et fixez la doublure à la fermeture à la main à l'aide de petits points discrets. Attention à ce que les points ne transpercent pas l'extérieur !

46. Retournez votre sac sur l'endroit.

47. Prenez vos rectangles de coton imprimé de 10 x 50 cm au préalablement thermocollés sur l'envers avec de la Vlieseline. Pliez-les comme à l'étape 12 après avoir fait un rentré de 1 cm sur les largeurs. Surpiquez tout le pourtour. Vos poignées sont terminées.

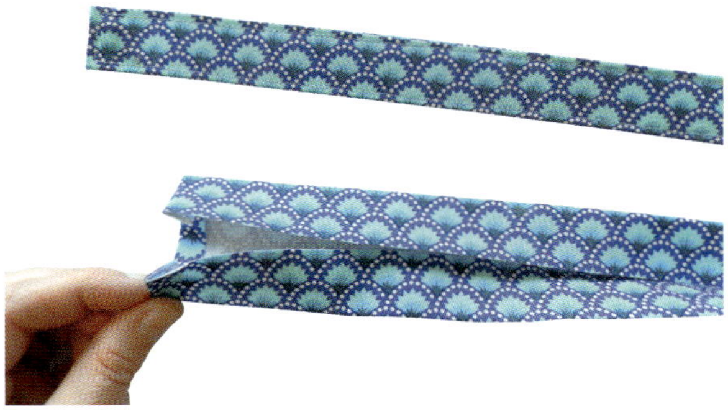

48. Placez-les dans les anneaux en plastique destinés aux poignées. Fixez-les à l'aide de 2 pressions résine.

49. Prenez votre rectangle de 10 x 18 cm destiné aux pattes de la bandoulière. Procédez comme pour les étapes 12 et 13 après avoir inséré un mousqueton en plastique.

50. Placez ces pattes aux extrémités de votre bande de 6 x 95 cm en jeans. Piquez les bouts.

51. Placez endroit contre endroit le jean et la bande de 6 x 95 cm de coton imprimé au préalablement thermocollé sur l'envers avec de la Vlieseline. Piquez tout le pourtour en laissant deux ouvertures sur les côtés au niveau des mousquetons pour que ce soit plus facile à coudre.

52. Retournez votre bandoulière sur l'endroit par une des ouvertures. Coupez les angles à ras. Faites un rentré de 1 cm sur les ouvertures et surpiquez tout le pourtour. La surpiqûre fermera les deux ouvertures.

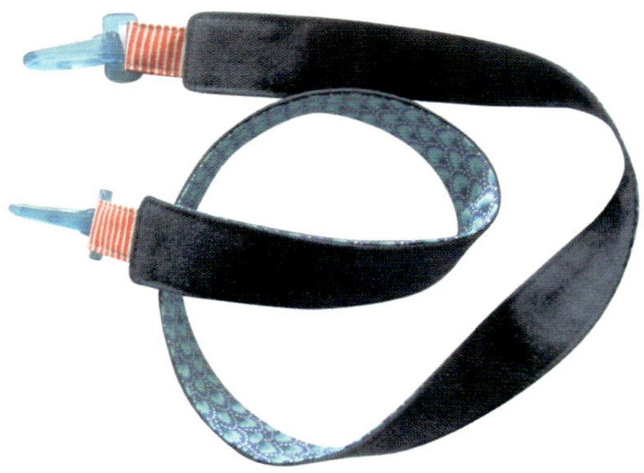

53. Cousez deux boutons décoratifs sur les poches de côté et mettez des pressions résine en customisation sur le sac si vous le souhaitez.

Valisette lit de poupée Fantine

Fournitures

Pour la Valisette :

- 1 m de coton imprimé A (à pommes) pour le dessus et le dessous de la valisette
- 50 cm de coton imprimé B (à gros pois) pour le pourtour de la valisette et la poignée
- 1 fermeture à glissière non séparable de 102 cm coordonnée aux couleurs de l'ensemble (je l'achète au mètre)
- 1 petite rectangle de tissu cristal transparent de 21 x 27 cm (épaisseur 0,3 mm) pour le dessus de la valisette. Évitez le cristal trop fin qui se déchirerait à l'usage !
- 50 cm de molleton thermocollant type H640 (si vous n'en avez pas, utilisez du molleton non thermocollant mais ce sera moins facile pour le montage) pour le dessus, le dessous et le pourtour de la valisette
- 1 rectangle de 12x 24 cm de Vlieseline thermocollante type H250 pour la poignée
- 1 bol ou un cercle en carton de 11 cm de diamètre

Pour le matelas et la couverture :

- Un morceau de 40 x 35 cm de molleton épais pour le matelas
- Une boucle banane de 20 mm pour la sangle qui maintient la poupée lorsque la valisette est à l'horizontale
- 50 cm de cotons divers et variés
- 6 jeux de pressions résine pour fixer le matelas à la valisette et pour la sangle de maintient.

Dimensions : 29 x 36 cm
Difficulté : ★ ★ ★

Si vous ne voulez pas en faire un lit de poupée, cette valisette est mixte et peut servir à transporter des jouets ou des petits habits. Avec des tissus masculins, elle sera parfaite pour vos petits gars et en Liberty elle fera le bonheur des jeunes filles et des mamans.

Patron

Les marges de couture sont comprises mais elles diffèrent en fonction des étapes. Je vous les donnerai au fur et à mesure. Pas de patron sur planche pour ce projet, veuillez reporter les mesures ci-jointes.

Sur ce modèle on ne parlera pas d'extérieur et de doublure mais plutôt de dessus et de dessous, la doublure étant assemblée avec le dessus et le dessous.

Les mesures sont données en **hauteur x longueur**.

Pour la valisettte :

Dessus de la valisette : Coupez dans le tissu cristal transparent 1 rectangle de 21 x 27 cm. Coupez dans le coton imprimé A, 4 rectangles de 7 x 37 cm et 4 rectangles de 7 x 30 cm. Coupez dans le molleton thermocollant 2 rectangles de 4,5 x 34 cm et 2 rectangles de 4,5 x 19 cm.

Dessous de la valisette : Coupez dans le coton imprimé A, 2 rectangles de 30 x 37 cm. Coupez dans le molleton thermocollant, 2 rectangles de 27 x 34 cm.

Poignée : Coupez dans le coton imprimé B, 1 rectangle de 12 x 24 cm. Coupez dans la Vlieseline thermocollante, 1 rectangle de 12 x 24 cm.

Pourtour : Coupez dans le coton imprimé B, 2 bandes de 4 x 102 cm, 2 bandes de 11 x 102 cm et 2 rectangles de 14 x 25 cm. Coupez dans le molleton thermocollant 2 bandes de 8 x 100 cm (il y a double épaisseur de molleton sur le pourtour pour donner davantage de tenue) et 2 rectangles de 10 x 21 cm.

Pour le matelas et la couverture :

Matelas : Coupez dans le coton imprimé 2 rectangles de 30 x 37 cm. Coupez dans molleton épais 1 rectangle de 30 x 37 cm.

Sangle du matelas : Coupez dans le coton imprimé 1 rectangle de 8 x 24 cm et 1 rectangle de 8 x 20 cm.

Couverture : Coupez dans le coton imprimé 2 rectangles de 30 x 37 cm.

Valisette lit de poupée Fantine

Si vous souhaitez faire une poignée avec sangle arc-en-ciel prévoir 22 cm de sangle gros grains arc-en-ciel que vous trouverez dans les rayons de bricolage.

Les nuages se trouvent sur Planche 3 - Patron ORANGE

Veuillez reportez vos gabarits nuages en **miroir** sur l'envers de votre simili-cuir blanc et découpez sur le trait de crayon.

Confection

Dessus de la valisette

1. Prenez votre tissu cristal de 21 x 27 cm et marquez les milieux des largeurs et des longueurs à l'aide d'un stylo bille.

2. Prenez 1 rectangle de coton imprimé A de 7 x 37 cm destiné au dessus de la valisette. Marquez le milieu des longueurs de ce rectangle au stylo. Tracez un trait horizontal sur l'envers à 1 cm du haut supérieur. Attention au sens des motifs sur l'endroit de votre tissu, ils seront inversés ! Par exemple mes pommes rose qui ont la queue en bas, elles l'auront en haut une fois la bande de coton cousue.

3. Placez votre rectangle sur le haut supérieur de votre tissu cristal bord à bord avec ce dernier. Faites coïncider les milieux (d'où l'importance de marquer les milieux). Le rectangle doit être parfaitement centré. Maintenez-le à l'aide de pinces.

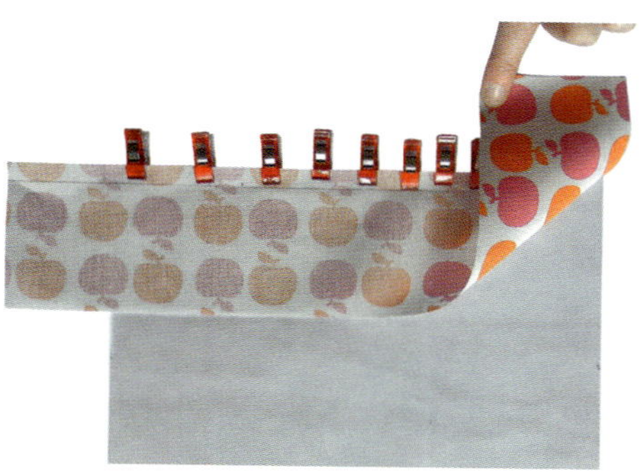

Mes conseils

Utilisez une aiguille de taille 90 et un pied standard pour coudre le coton de cette valisette. Utilisez le pied Téflon lorsque vous coudrez le coton avec le cristal. Utilisez des pinces plutôt que des aiguilles pour éviter de trouer le cristal. Les mesures pour le molleton sont plus petites que le coton et c'est normal. En effet, cette valisette est montée avec des coutures à l'anglaise. On coud envers contre envers dans un premier temps, puis endroit contre endroit dans un second temps. La première couture est « emprisonnée » dans la seconde. Ainsi la couture est propre à l'intérieur comme à l'extérieur sans qu'une doublure ne soit indispensable.

4. Prenez un deuxième rectangle de 7 x 37 cm et placez-le sous le tissu cristal transparent. Il doit se superposer parfaitement avec le premier. Ils sont endroit contre endroit avec le tissu cristal pris en sandwich. Replacez vos pinces.

5. Piquez sur toute la longueur du trait horizontal. Cette piqûre coud en simultané vos deux rectangles de coton A et votre tissu cristal pris en sandwich. Puis replacez vos cotons imprimés A envers contre envers. Repassez le coton. Attention à ne pas toucher le cristal directement avec le fer, ce dernier fondrait !

6. Faites une surpiqûre à 0,5 cm du bord du tissu cristal côté pliure du tissu. Utilisez le pied Téflon.

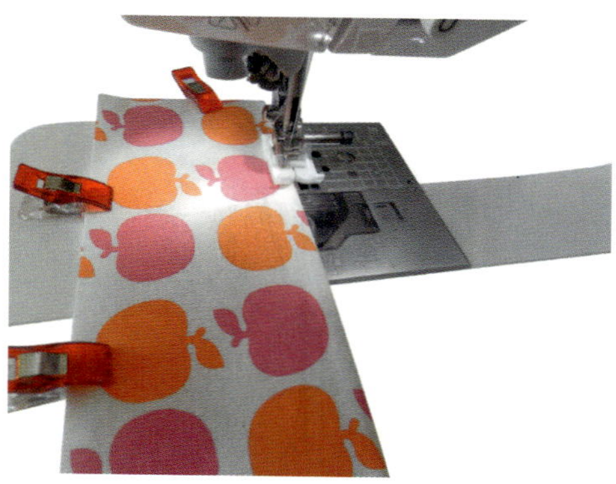

7. Prenez vos deux autres rectangles de coton A de 7 x 37 cm et refaites les étapes 2, 3 et 4 avec la seconde longueur de tissu cristal. Faites attention au sens de vos tissus !

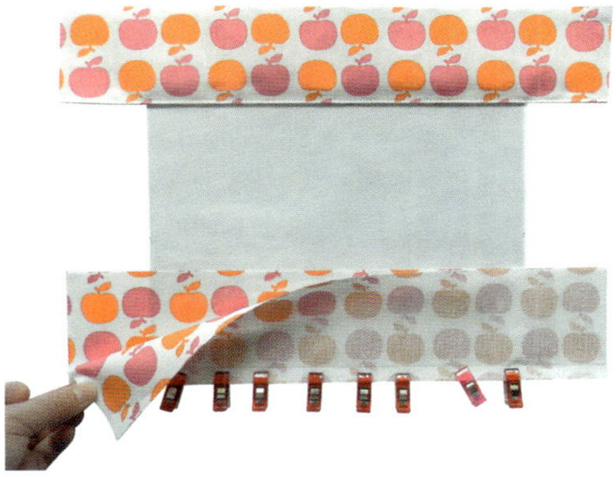

8. Répétez l'étape 5 et 6.

9. Prenez vos deux rectangles de molleton de 4,5 x 34 cm et placez-les en sandwich dans vos cotons imprimés A. Centrez-les et repassez-les pour les fixer. Attention à ne pas toucher le tissu cristal avec votre fer !

10. Faites une surpiqûre sur les longueurs côté extérieur à 0,5 cm du bord pour plus de facilité lors du montage.

11. Refaites les étapes 2, 3, 4, 5 et 6 avec vos 4 rectangles de coton imprimé A de 7 x 30 cm et les largeurs du tissu cristal.

12. Placez vos rectangles de molleton thermocollant de 4,5 x 19 cm comme à l'étape 9. Ils sont plus petits pour éviter les sur épaisseurs.

13. Répétez l'étape 10 avec les largeurs. Vous obtenez un rectangle de 30 x 37 cm.

14. Prenez un bol ou un cercle en carton de 11 cm de diamètre et tracez les arrondis avec un stylo comme sur la photo pour vos 4 angles.

15. Découpez sur les traits de stylo vos 4 angles et refaites une piqûre sur vos arrondis à 0,5 cm du bord. Votre dessus est terminé. Réservez.

Le dessous de la valisette

16. Prenez vos 2 rectangles de coton imprimés A de 30 x 37 cm destinés au dessous et refaites les étapes 14 et 15 pour les angles sans faire de piqûre sur les arrondis.

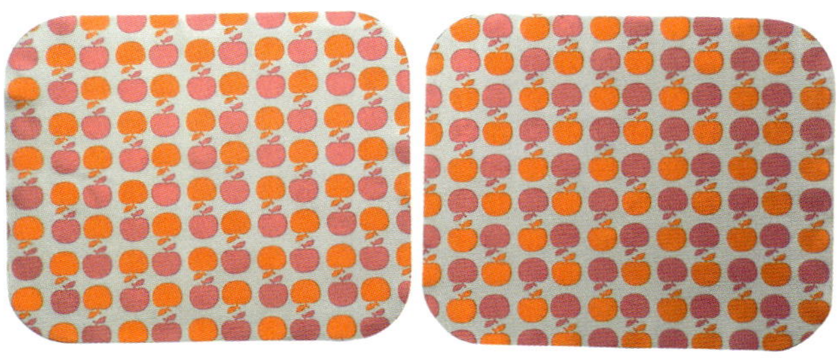

17. Faites la même chose avec vos rectangles de 27 x 34 cm de molleton thermocollant.

18. Placez vos rectangles de molleton de 27 x 34 cm sur l'envers de vos cotons imprimés de 30 x 37 cm. Centrez-les et repassez-les pour les fixer.

19. Placez vos éléments de l'étape précédente envers contre envers.

20. Faites une piqûre sur tout le pourtour à 0,5 cm du bord. Marquez au stylo les milieux de vos longueurs et de vos largeurs, cela vous sera utile lorsque vous devrez positionner votre bande de pourtour. Votre dessous est terminé. Réservez.

Le pourtour de la valisette

21. Prenez votre fermeture Éclair de 102 cm et votre bande de coton imprimé B de 4 x 102 cm. Placez votre fermeture Éclair endroit contre endroit votre coton B et bord à bord avec ce dernier. Épinglez.

22. Piquez le long de votre fermeture Éclair. Utilisez votre pied à fermeture Éclair.

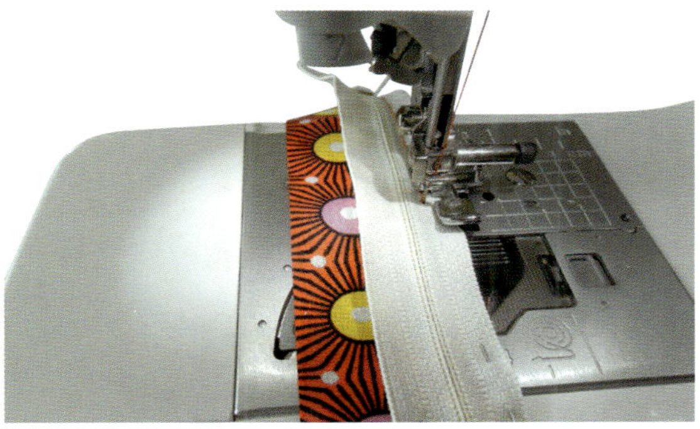

23. Prenez votre seconde bande de coton imprimé B de 4 x 102 cm et placez-la endroit contre envers votre fermeture Éclair, et bord à bord avec cette dernière. La fermeture Éclair est prise en sandwich entre vos deux bandes de coton. Épinglez.

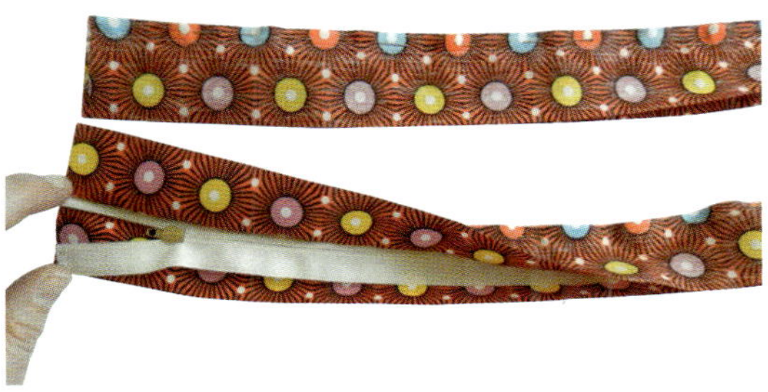

24. Piquez le long de la fermeture Éclair sur la piqûre de l'étape 22.

25. Ramenez les bandes de coton imprimé B envers contre envers et faites une surpiqûre sur toute la longueur qui jouxte les dents de la fermeture Éclair. Puis faites une piqûre sur l'autre longueur à 0,5 cm du bord pour davantage de facilité lors du montage.

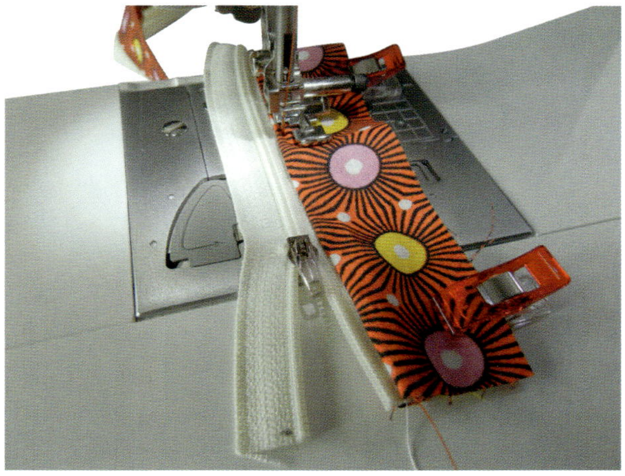

26. Refaites les étapes 21, 22, 23 et 24 pour les deux bandes de coton imprimé B de 11 x 102 cm et l'autre côté de la fermeture Éclair. **Ne faites pas la seconde piqûre à 0,5 cm du bord extérieur !**

27. Prenez vos 2 bandes de molleton thermocollant de 8 x 100 cm et placez-les dans vos 2 bandes de coton imprimés B de 11 x 102 cm. Repassez-les pour les fixer.

28. Tracez des traits horizontaux au stylo bille effaçable sur toute la longueur de votre bande de pourtour. La première est à 2,5 cm du milieu de la fermeture Éclair. Elles sont ensuite espacées de 2 cm entre elles.

29. Piquez sur ces 4 traits horizontaux avec un fil de même tonalité que votre tissu. Une fois terminé, marquez le milieu des longueurs de cette bande de 102 cm avec deux épingles.

30. Prenez votre rectangle de 12 x 24 cm de coton imprimé destiné à la poignée au préalablement thermocollé sur l'envers avec de la Vlieseline thermocollante.

Faites un rentré de 1 cm sur les largeurs.

31. Ramenez les longueurs vers le milieu comme un biais.

32. Repliez encore en 2, vous obtenez un rectangle de 3 x 22 cm de 4 épaisseurs. Piquez tout le pourtour à 0,5 cm du bord.

33. Placez votre poignée sur la bande de pourtour de l'étape 29. Servez-vous des repères du milieu. Les extrémités de la poignée se trouvent à 9 cm du milieu. Centrez la poignée sur le milieu de la largeur.

34. Cousez les extrémités de la poignée en piquant un carré de 3 cm et une croix sur le milieu du carré.

35. Prenez vos 2 rectangles de coton de 14 x 25 cm et vos 2 rectangles de molleton thermocollant de 10 x 21 cm. Centrez-les et fixez-les en les repassant.

36. Placez le premier rectangle endroit contre endroit avec la largeur de la bande de pourtour contenant le curseur de la fermeture Éclair. Épinglez.

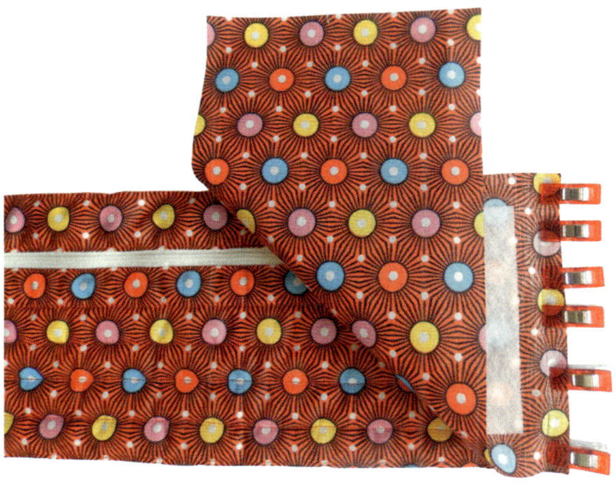

37. Placez le second rectangle endroit contre envers la largeur de la bande de pourtour contenant le curseur de la fermeture. Votre bande de pourtour est prise en sandwich entre vos 2 rectangles molletonnés placés endroit contre endroit. Piquez sur la largeur à l'endroit des pinces à 1 cm du bord. Attention à ne pas piquer sur le curseur de la fermeture !

38. Ramenez vos 2 rectangles molletonnés envers contre envers.

39. Faites une surpiqûre à 0,5 cm du bord de la pliure.

40. Faites un rentré de 1 cm sur les 2 autres largeurs des 2 rectangles molletonnés.

41. Tracez une ligne horizontale à 1 cm du bord de l'autre largeur de la bande de pourtour.

42. Placez les largeurs de l'étape 40 sur l'autre largeur de la bande de pourtour. La largeur de la bande de pourtour se trouve prise en sandwich. Ne dépassez pas la ligne horizontale de l'étape 41.

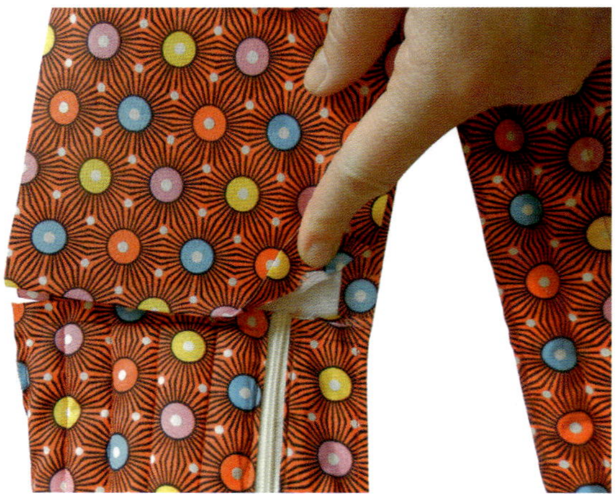

43. Épinglez.

44. Piquez.

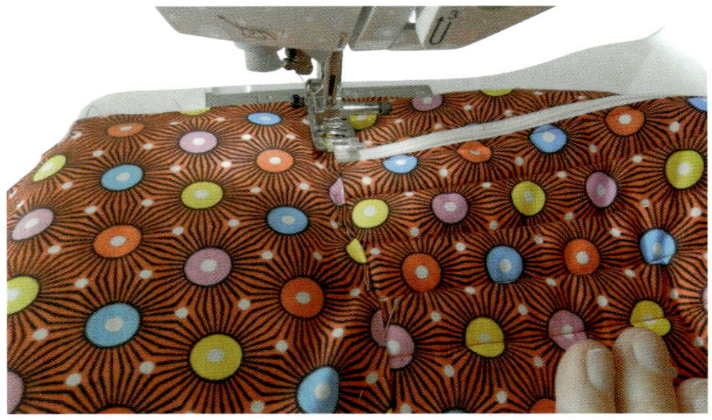

45. Vous obtenez une bande de pourtour de 123 cm.

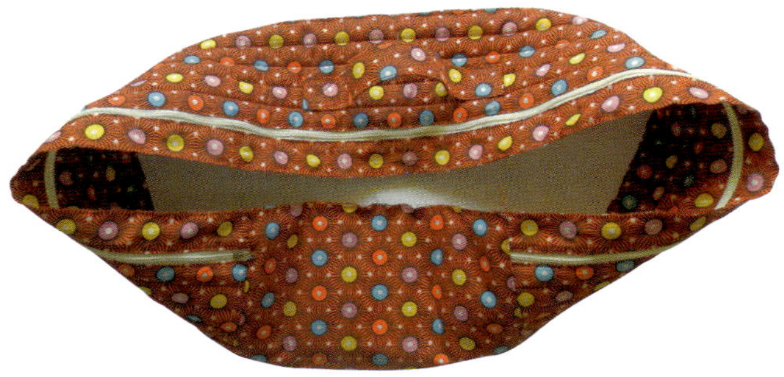

46. Placez votre bande de pourtour **envers contre envers** votre dessus. Commencez par faire coïncider les milieux des longueurs de la bande de pourtour avec les milieux des longueurs du dessus et épinglez tout le tour.

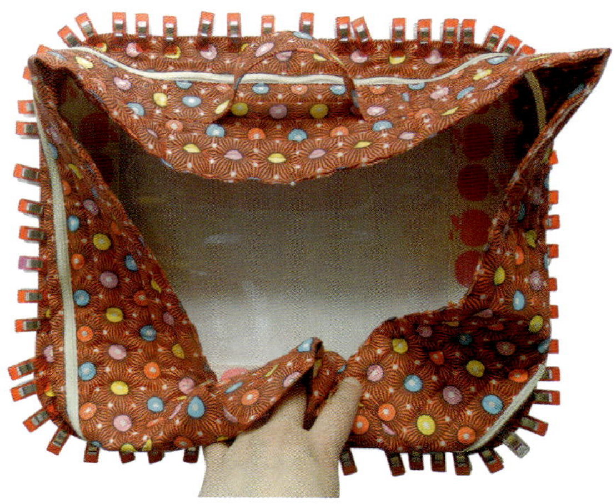

47. Piquez tout le pourtour à 0,5 cm du bord.

48. Puis retournez sur l'envers et placez des petites pinces sur tout le pourtour pour bien plaquer les coutures de l'étape précédente. Piquez à nouveau tout le pourtour mais à 0,75 cm du bord cette fois-ci. C'est une couture à l'anglaise.

49. Replacez tout sur l'endroit. Vos coutures sont propres.

50. Refaites les étapes 46, 47, 48 et 49 avec le pourtour et le dessous de la valisette.

51. Votre valisette est terminée. Si vous ne souhaitez pas vous en servir pour une poupée, vous pouvez vous arrêter à cette étape.

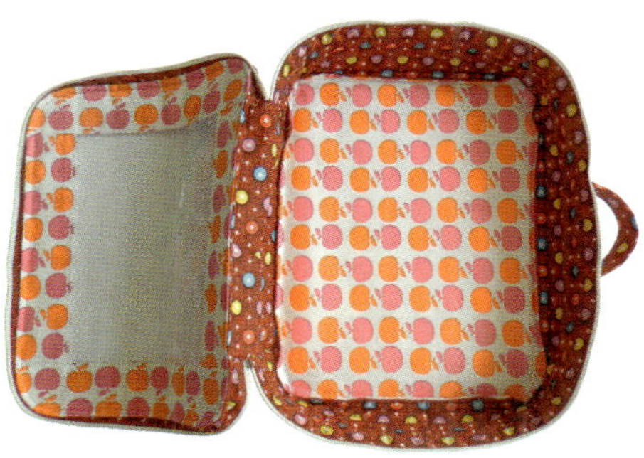

Le matelas avec sangle

52. Prenez vos 2 rectangles de cotons imprimés de 30 x 37 cm destinés au matelas et refaites comme à l'étape 14 avec votre bol de 11 mm pour les angles. Découpez les arrondis.

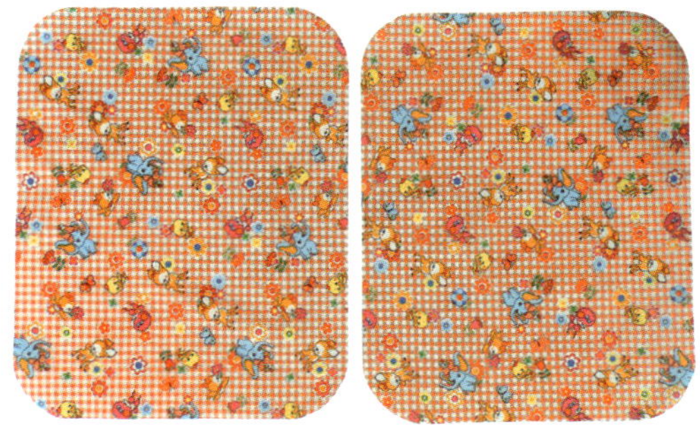

53. Coupez les angles du molleton épais de la même façon.

54. Prenez votre rectangle de coton imprimé de 8 x 24 cm destiné aux sangles et ramenez les longueurs vers le milieu comme un biais et pliez encore en 2. Vous obtenez une bande de 2 x 24 cm de 4 épaisseurs. Piquez les longueurs. Refaites la même opération avec votre rectangle de 8 x 20 cm après avoir fait un rentré de 1 cm sur une des largeurs. Surpiquez le pourtour.

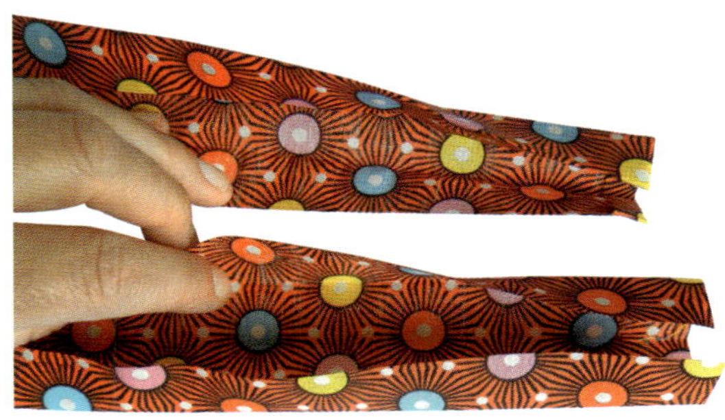

55. Prenez vos 2 bandes de l'étape précédente et votre boucle banane de 20 mm.

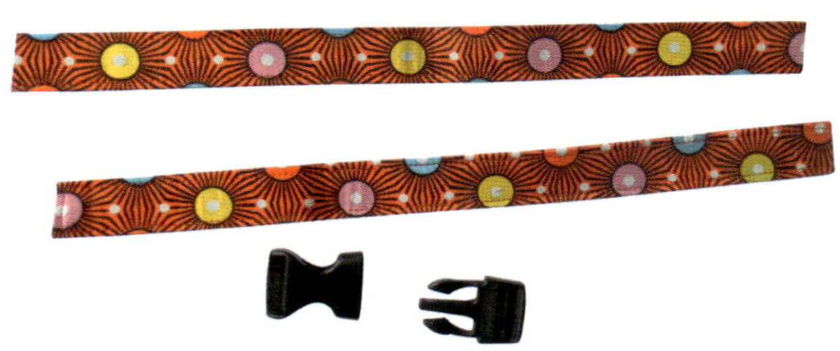

56. Rentrez d'un côté de la boucle votre bande de 24 cm. Les largeurs doivent se superposer. Piquez grossièrement les extrémités. Puis rentrez de l'autre côté de la boucle votre bande de 19 cm. Cette bande sera réglable.

57. Placez les extrémités de votre sangle sur les milieu des longueurs de votre coton. Piquez-les grossièrement à 0,5 cm des bords.

58. Placez vos cotons imprimés endroit contre endroit. Placez le molleton épais sous le coton du dessous comme sur la photo. Épinglez.

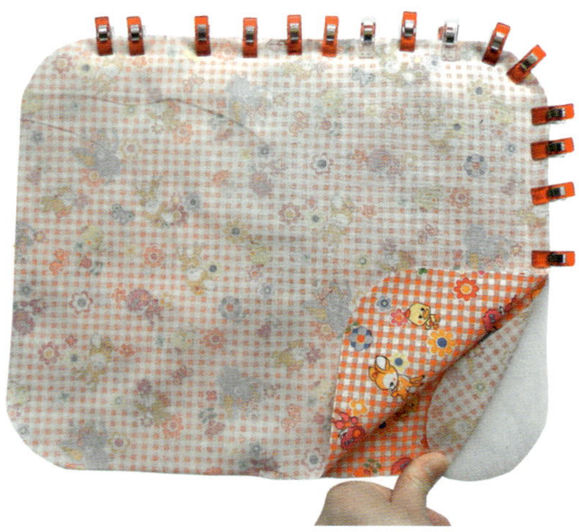

59. Piquez tout le pourtour en laissant une ouverture de 10 cm sur un côté pour pouvoir retourner sur l'endroit.

60. Retournez sur l'endroit et fermez discrètement l'ouverture à la main.

61. Placez 2 jeux de pressions résine sur les sangles en coton et le matelas molletonné. Elles permettent de bien caler la poupée en cas d'inclinaison horizontale de la valisette. Elles sont situées à 6 cm des côtés. Elles ne sont pas obligatoires.

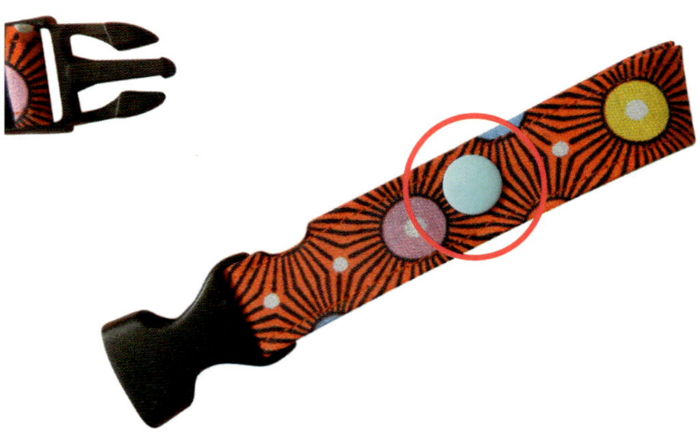

62. Prenez un stylo et marquez un point sur le dos de la valise aux 4 angles.

63. Placez une pression résine femelle à chaque point de repère. Le chapeau de la pression résine est placé à l'extérieur de la valisette.

64. Servez-vous des pressions résine femelles pour placer les pressions résine mâles sur le matelas. Le matelas est fixé au fond de la valise et peut se déclipser les jours où la valise ne veut pas servir pour la poupée.

La couverture de lit

65. Prenez vos 2 rectangles de coton imprimés de 30 x 37 cm destinés à la couverture. Refaites les étapes 52, 58 (sans le molleton), 59 et 60. Ne fermez pas l'ouverture à la main mais faites une surpiqûre sur tout le pourtour. Cette dernière fermera l'ouverture en simultané. Votre couverture est terminée.

Variante :

Vous pouvez utiliser une sangle arc-en-ciel et des petits nuages en simili-cuir pour faire une poignée différente. Pour ce, coupez 22 cm de sangle gros grain arc-en-ciel et fixez-la comme à l'étape 33 et 34. Puis cousez les nuages aux extrémités, ils doivent recouvrir la piqûre de l'étape 34.

Trousse mon p'tit tipi

Fournitures

Les mesures sont données sur laize.

- 30 cm de suédine d'ameublement pour le devant et le dos du tipi
- 40 cm de coton imprimé pour la doublure fond de porte, la doublure de la trousse et les volets de la porte d'entrée
- Une fermeture Éclair de 25 cm avec des dents en plastique
- Un petit carré de 30 x 30 cm de Vlieseline thermocollante de type H250 pour la doublure du fond de porte
- 20 cm de lacet en suédine pour simuler les bâtons qui sortent du haut du tipi
- 3 grosses perles en bois colorées pour la customisation
- Des chutes de simili-cuir de couleurs variées pour la customisation, les pommettes de l'ourson et la truffe
- Un carré de 20 x 20 cm de simili-cuir blanc pour l'appliqué ourson
- 2 petites perles de rocaille noires pour les yeux de l'ourson
- Un peu de colle type glue pour pré-encoller les pièces de l'appliqué avant de les coudre et un peu de scotch double face.

Dimensions : 21 cm de hauteur sur une base de 20 cm

Difficulté : ★ ★

Patron

Les marges de couture de 0,75 cm sont comprises.

Planche 3 - Patron VERT

Coupez dans la suédine : 1 x devant et 1 x dos.

Coupez dans le coton imprimé : 1 x doublure fond de porte, 1 x devant et 1 x dos.

Coupez dans la Vlieseline thermocollante : 1 x doublure de porte.

Volets de porte d'entrée : Reportez sur l'envers de votre tissu plié en 2 endroit contre endroit votre gabarit volet de porte d'entrée en miroir. **Piquez directement sur le trait de crayon sauf sur le côté indiqué sur la planche patron.**

Bâtons du tipi : Coupez dans la cordelette en suédine 3 x morceaux de 6 cm.

Appliqué ourson : Reportez sur l'envers de votre simili-cuir blanc, vos gabarits avec un stylo. Découpez sur votre trait de crayon. Attention au sens lorsque vous reportez vos gabarits. En effet, si vous souhaitez que la truffe de l'ours soit à gauche, reportez votre tête avec la truffe à droite sur l'envers du simili. Utilisez une perforatrice pour la pommette et la truffe.

Appliqués zig zag de customisation : Faites comme pour l'ourson sur l'envers de votre simili-cuir.

J'ai utilisé le même coton imprimé pour la doublure fond de porte, les volets et la doublure de la trousse.

Mes conseils

Vous pouvez utiliser du croquet de couleur à la place du simili-cuir pour faire la customisation du zig zag. J'ai laissé volontairement les volets non plaqués pour rendre la trousse plus ludique. Si cela vous dérange, vous pouvez coudre la pointe avec un petit point à la main. Si vous ne souhaitez pas faire l'appliqué, vous pouvez coller du flex avec le prénom ou bien utiliser une illustration pour la doublure fond de porte. Enfin pour coudre cette trousse, j'ai utilisé une aiguille universelle de taille 80 et le pied standard de ma machine à coudre. Pour les appliqués en simili-cuir, j'ai utilisé le pied Téflon et une aiguille spécial jean de taille 90.

Confection

1. Prenez votre devant extérieur en suédine et faites un rentré de 1 cm sur les côtés de l'ouverture de la porte. La pliure est indiquée sur le patron. Maintenez ce rentré à l'aide de pinces. Le revers de 1 cm se trouve côté envers de la suédine.

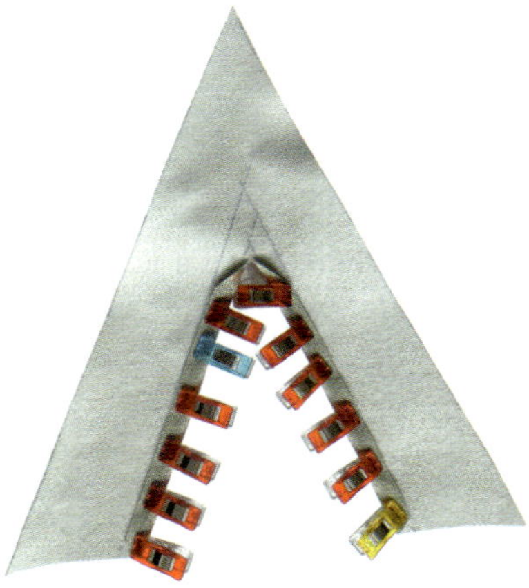

2. Faites une piqûre à 0,3 cm des bords de l'ouverture de la porte (à l'endroit où sont positionnées les pinces à l'étape précédente) pour fixer ce rentré de 1 cm. Prenez un fil de la même couleur que votre suédine car des petits bouts de cette couture seront visibles !

3. Prenez votre tipi extérieur et découpez un gabarit de même taille que l'ouverture de la porte dans une cartonette. Cela vous servira pour l'étape suivante.

4. Prenez votre doublure de fond de porte au préalablement thermocollée sur l'envers avec de la Vlieseline thermocollante. Placez votre gabarit en cartonnette de l'étape précédente en vous aidant du devant extérieur pour le positionner sur la doublure du fond de porte. Placez du masking tape autour. Ce dernier vous aidera à vous positionner dans l'espace pour que votre ourson (ou tout autre appliqué ou motif de votre choix) ne dépasse pas de l'intérieur de la porte.

5. Découpez toutes vos pièces pour l'appliqué ourson.

6. Placez votre corps en premier. Placez un peu de double face en dessous pour le maintenir lors de la couture. Piquez le pourtour avec un fil blanc. Rentrez les fils à la fin et au début et faites un nœud au dos. Puis dans l'ordre après avoir mis un point de colle, cousez les pattes et la tête. Collez la truffe et la pommette et faites un point à la main dessus pour davantage de solidité. Puis cousez les yeux en perle.

7. Placez votre devant extérieur sur votre doublure de fond de porte et faites une piqûre sur tout le pourtour à 0,5 cm du bord pour plus de facilité lors du montage (là où sont placées les pinces). **Ne piquez pas les bords de l'intérieur de la porte !**

8. Préparez vos volets de porte comme indiqué dans la partie patron. Coupez les angles, retournez sur l'endroit et repassez.

9. Faites une pliure de 1 cm sur le côté non cousu comme indiqué sur le patron. Repassez.

10. Glissez les volets de porte sous les côtés internes non cousus de la porte. C'est la pliure de 1 cm qui se glisse sous les côtés internes non cousus de la poche. Épinglez-les.

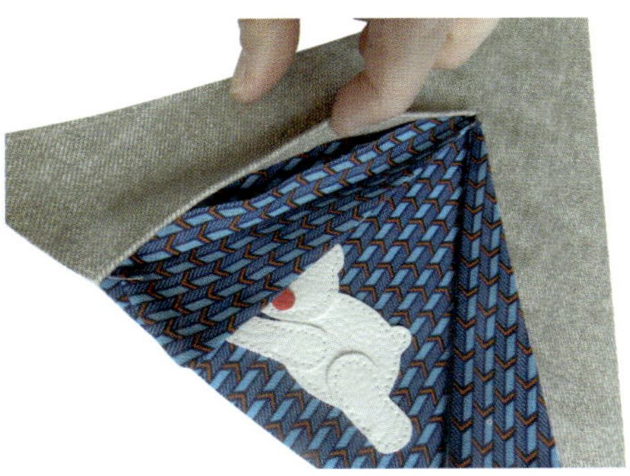

11. Faites une piqûre sur le bord des côtés internes de la porte pour fixer les volets de porte. Piquez sur la première piqûre de l'étape 2 en utilisant un fil de même tonalité que la couleur de la suédine. Arrêtez vos fils au niveau des extrémités du volet de porte et rentrez vos fils.

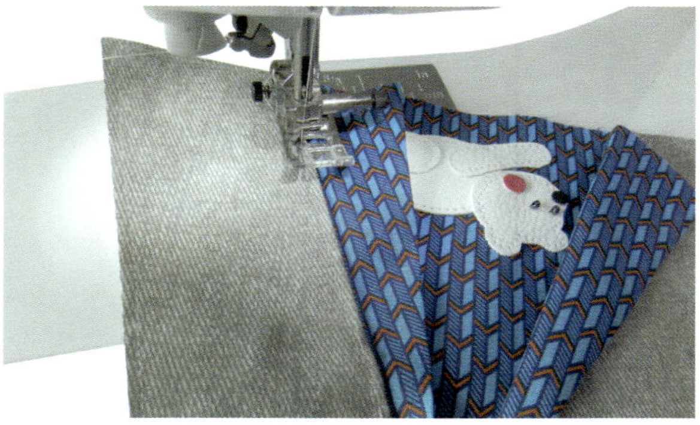

12. Placez vos zig zag en simili-cuir en vous aidant du patron et piquez-les. Si vous préférez, vous pouvez utiliser du croquet de couleur. Cousez vos perles en bois et rentrez vos fils.

13. Placez votre fermeture Éclair de 25 cm endroit contre endroit le bas de votre devant extérieur et bord à bord avec ce dernier. Ne la faites dépasser que du côté droit, ne la centrez pas. Le curseur se trouve du côté qui ne dépasse pas.

14. Piquez le long de la fermeture Éclair pour la fixer au devant extérieur. Utilisez votre pied à fermeture Éclair.

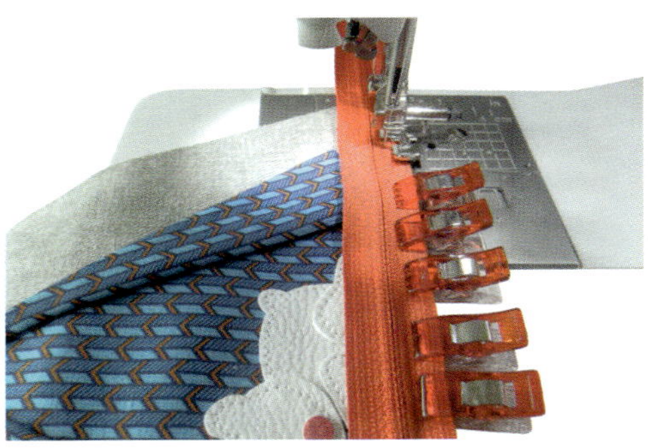

15. Coupez la fermeture Éclair qui dépasse.

16. Prenez votre devant doublure et placez-la endroit contre endroit votre devant extérieur. Fixez-la à la fermeture Éclair en piquant sur la piqûre de l'étape précédente.

17. Ramenez la doublure du devant et le devant extérieur envers contre envers et surpiquez le long de la fermeture Éclair. Cette piqûre plaquera la doublure au devant extérieur. Pour que ce soit plus propre, j'utilise un fil de la couleur de ma suédine et je le change au moment où je couds sur la doublure du fond de porte.

18. Refaites les étapes 13, 14, 15, 16 et 17 pour le dos extérieur et la doublure avec la fermeture Éclair.

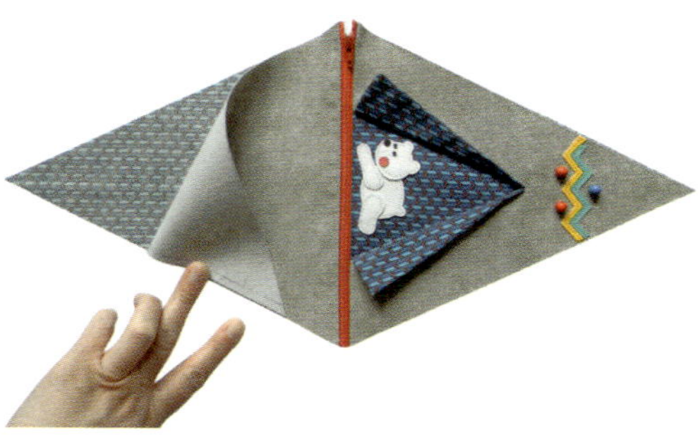

19. Prenez vos 3 morceaux de lacets en suédine de 6 cm et placez-les comme sur la photo. Je vous conseille de piquer les extrémités pour plus de facilité au montage.

20. Placez vos doublures dos et devant endroit contre endroit et vos extérieurs dos et devant en suédine endroit contre endroit. N'oubliez pas d'ouvrir la fermeture Éclair sinon vous ne pourrez pas retourner sur l'endroit ! **Attention également à ne pas faire sortir le curseur de votre fermeture côté où la fermeture est coupée !** Épinglez et piquez tout le pourtour en laissant une ouverture de 10 cm sur un des côtés de la doublure.

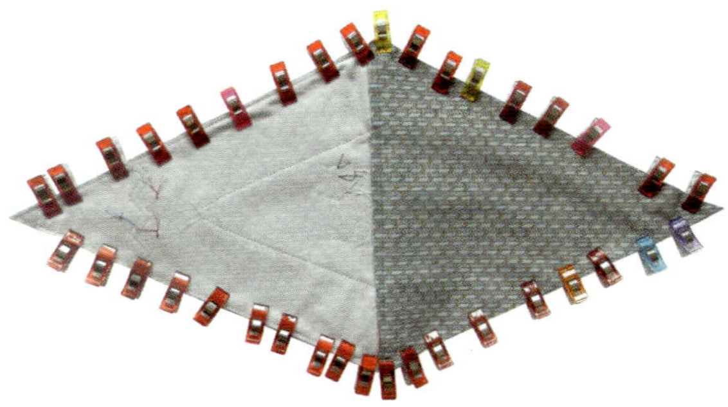

21. Retournez sur l'endroit par l'ouverture laissée dans la doublure. Coupez les angles à ras. Fermez discrètement à la main l'ouverture laissée dans la doublure et rentrez la doublure dans l'extérieur. À l'aide d'un bout de pinceau ou d'un bout de crayon que vous glisserez entre la doublure et l'extérieur, poussez délicatement pour faire ressortir les angles. Attention aux objets pointus qui perceraient votre tissu !

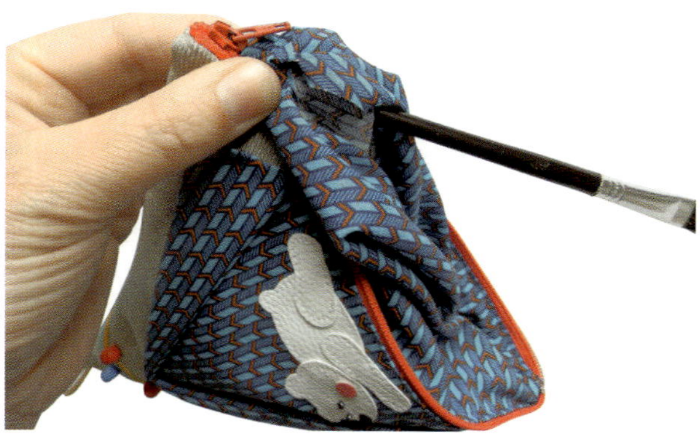

Pochette « Conter fleurette »

Fournitures

Les mesures sont données sur laize.

- 20 cm de suédine d'ameublement ou matelassée (ou jean, gabardine, simili-cuir. . .) pour l'extérieur
- 20 cm de coton imprimé pour la doublure et les embouts de fermeture Éclair
- Une fermeture Éclair de 18 cm
- Des chutes de simili-cuir épais ou cuirs diverses et variées en couleur pour les appliqués
- De la colle type glue pour encoller certaines pièces de simili-cuir avant de les coudre
- Deux perles de rocaille noires pour les yeux du nuage
- Une pression résine femelle en forme d'étoile pointe longue pour la customisation
- Une pression résine femelle en forme de cœur pour la customisation
- Une perforatrice pour les pommettes du renard
- Du scotch double face pour faciliter le montage des appliqués

Dimensions : 15 x 20 cm
Difficulté : ★ ★

Patron

Les marges de couture de 0,75 cm sont comprises.

Planche 1 - **Patron VERT**

Sur ce modèle, seuls les embouts de fermeture Éclair ne sont pas sur planche patron. Veuillez reporter les mesures ci-jointes.

Extérieur : Coupez dans la suédine 1 x devant et 1 x dos

Doublure : Coupez dans le coton imprimé 1 x devant et 1 x dos

Appliqués : Reportez vos gabarits sur l'envers de votre simili-cuir à l'aide d'un stylo en faisant attention au sens (qui est inversé sur l'envers du simili-cuir !). Coupez directement sur votre trait de crayon. Pour les pommettes et le nez, utilisez une petite perforatrice. Pour l'œil, coupez un petit cercle à l'aide d'une perforatrice et perforez à nouveau le petit cercle obtenu aux 3/4. L'étoile du haut est découpée avec une perforatrice étoile. Si vous n'en avez pas, mettez une pression résine en forme d'étoile.

Embouts de fermeture Éclair : Coupez dans le coton imprimé 2 rectangles de 5 x 2,5 cm.

Mes conseils

Cette trousse n'est pas difficile dans sa construction qui est très basique. Cependant les appliqués de par leur petite taille demandent de la minutie et rendent le niveau de difficulté plus élevé. Je vous conseille de mettre la vitesse de votre machine à coudre au minimum, voire de tourner la molette de votre machine à la main pour les toutes petites pièces. Prenez bien votre temps car si l'on découd sur du simili-cuir, cela laisse des traces. Pour coudre le simili-cuir, utilisez une aiguille spécial jean de taille 90 et un pied Téflon. Pour coudre la suédine, utilisez une aiguille standard de taille 90 et le pied standard de votre machine à coudre. Si vous utilisez un extérieur assez fin comme du jean, je vous conseille d'entoilez votre doublure de trousse avec de la Vlieseline thermocollante de type H250. Enfin, utilisez le pied fermeture Éclair pour la pose de votre fermeture Éclair.

Confection

Votre appliqué se construit comme un puzzle. Après avoir cousu chaque pièce, rentrez les fils au dos et faites un nœud.

1. Découpez toutes vos pièces destinées à l'appliqué.

2. Placez la tête du renard sur votre devant extérieur en vous servant des repères patron. Vous pouvez mettre un peu de scotch double face sous la tête pour bien la maintenir lors de la couture. Piquez sur tout le pourtour et rentrez vos fils.

3. Prenez votre museau en simili-cuir blanc et après avoir mis une pointe de colle pour le fixer sur la tête, piquez le pourtour. Collez la pommette, l'œil et le nez. Je vous conseille de faire un point à la main sur ces derniers pour davantage de solidité.

4. Prenez le bermuda, les bottines et la queue et collez les extrémités sous le bermuda pour plus de facilité lors de la piqûre.

5. De dos, on peut voir les extrémités de la base de la queue et du haut des bottines collées.

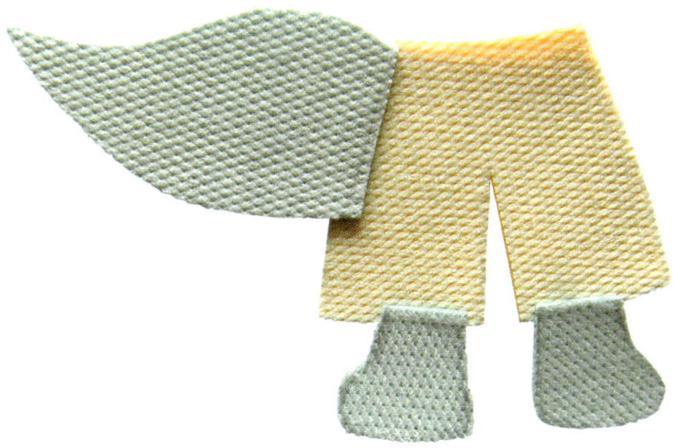

6. Placez votre ensemble bermuda/bottines/queue à l'aide du patron. Placez un peu de scotch double face sous le bermuda et piquez le pourtour de toutes vos pièces. Changez de couleur de fil en fonction des couleurs de votre simili-cuir et rentrez vos fils.

7. Collez le bout blanc de la queue et cousez-le.

8. Prenez votre haut, la tige de la fleur « nuage », les bras et collez les extrémités comme à l'étape 4.

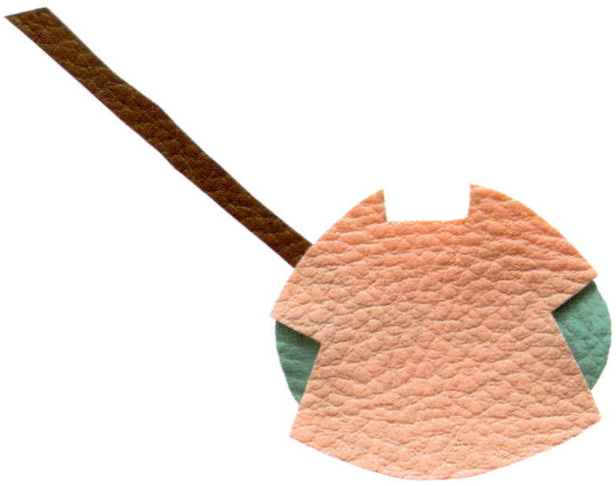

9. Positionnez votre ensemble haut/tige/bras en vous aidant du patron. Placez un peu de scotch double face sous le haut et piquez le pourtour de toutes vos pièces. Pour la tige, une seule piqûre sur la longueur est suffisante. Changez de couleur de fil en fonction de la couleur du simili-cuir. Rentrez vos fils.

10. Piquez le nuage sur le haut de la tige. Placez votre feuille et fixez-la en cousant un trait horizontal sur le milieu. Collez les pommettes du nuage, faites un point à la main pour plus de solidité. Cousez les deux perles de rocaille pour les yeux. Collez l'étoile en cuir sur le milieu du haut ou posez une pression résine en forme d'étoile. Posez votre pression résine en forme de cœur. Votre devant extérieur est terminé.

11. Prenez vos deux rectangles de 5 x 2,5 cm destinés aux embouts de fermeture Éclair. Repliez-les en 2 dans le sens de la longueur envers contre envers de façon à obtenir 2 carrés de 2,5 x 2,5 cm. Surpiquez sous la pliure.

12. Placez vos carrés à chaque extrémités bord à bord avec le haut supérieur, côté pliure vers l'intérieur.

13. Maintenez-les à l'aide de pinces.

14. Prenez votre fermeture Éclair de 18 cm et placez-la bord à bord avec votre haut supérieur et endroit contre endroit. Centrez-la bien et maintenez-la à l'aide de pinces ou d'épingles.

15. Piquez la fermeture Éclair au devant en vous servant du pied à fermeture Éclair.

16. Prenez votre doublure à étoile et placez-la endroit contre endroit avec votre devant extérieur.

17. Retournez votre devant sur l'envers et piquez sur la première piqûre de la fermeture Éclair, c'est votre repère !

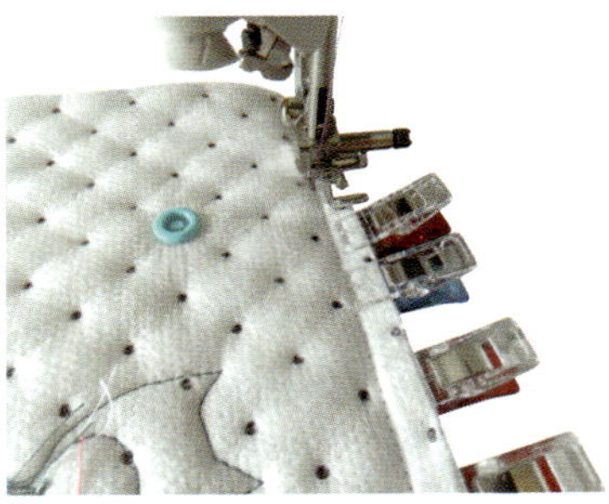

18. Rabattez votre devant et votre doublure de façon à ce qu'ils se retrouvent envers contre envers. Surpiquez tout le long de la fermeture Éclair. Cette surpiqûre coud en simultané le devant extérieur et la doublure.

19. Prenez votre ensemble devant extérieur/doublure et placez-le endroit contre endroit votre dos extérieur. Le haut de la fermeture Éclair doit se superposer avec le haut supérieur du dos extérieur. Épinglez et refaites les étapes 15, 16, 17 et 18 avec la seconde partie de la doublure à étoiles.

20. Vous obtenez un dos et un devant extérieur qui sont reliés avec la fermeture Éclair. Côté extérieur vous obtenez ceci :

21. Côté doublure vous obtenez cela :

22. Ramenez vos deux doublures à étoiles endroit contre endroit et votre dos et devant extérieur endroit contre endroit. Épinglez tout le pourtour. **N'oubliez pas d'ouvrir votre fermeture Éclair avant d'épingler sinon vous ne pourrez pas retourner votre trousse sur l'endroit !**

23. Piquez tout le pourtour en laissant une ouverture de 10 cm dans le bas de la doublure pour pouvoir retourner.

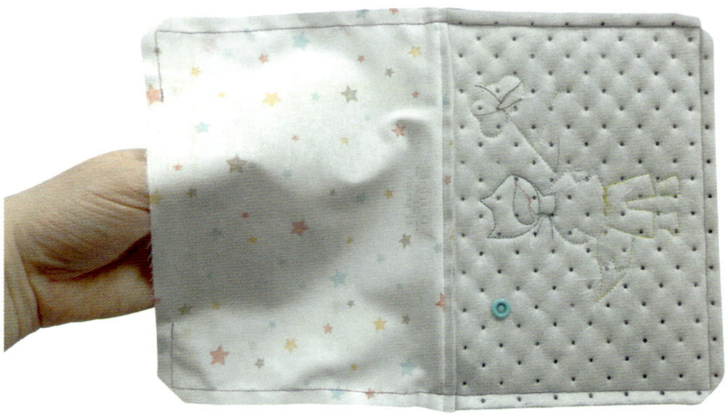

24. Avant de retourner sur l'endroit par l'ouverture laissée dans la doublure, coupez les angles à ras. Retournez sur l'endroit et à l'aide d'un bout de pinceau ou d'un crayon fin, que vous glisserez entre la doublure et vos extrémités contenant vos embouts de fermeture Éclair, poussez délicatement de façon à faire ressortir les angles. **Évitez les objets pointus qui perceraient votre tissu !**

25. Rentrez votre doublure dans votre extérieur après avoir fermé discrètement l'ouverture laissée dans cette dernière par une couture à la main.

26. Votre trousse est terminée. Vous pouvez accrocher une breloque au curseur de votre fermeture Éclair si vous le souhaitez.

Remerciements

Je remercie du fond du cœur :

Mon éditeur et toute l'équipe Creapassions.com, merci à Emmanuelle Prot pour sa confiance renouvelée.

Mes mannequins qui illuminent ce livre : Camille, Léa, Morgann et mes enfants Manon, Mathieu et Clément. Merci pour votre courage sous des températures frôlant l'indécence.

Stéphanie et Charles qui m'ont gentiment ouvert les portes de leur jolie maison et de leur jardin d'Eden avec la complicité d'Eric.

Fanny ma talentueuse coiffeuse et maquilleuse qui a joué de ses doigts de fée.

Philippe Koch mon photographe pour son écoute, sa disponibilité et sa gentillesse.

Antonella créatrice de poupées Waldorf de la marque « Autour de Déa » pour sa jolie poupée Waldorf utilisée dans la valisette Fantine.

Mon homme pour sa présence et son réconfort dans mes moments de doute.

Mes amies pour leur soutien, leurs conseils et leur écoute sans faille.

Mes lectrices qui finissent d'écrire chaque nouvelle histoire avec leurs jolies photos et leur enthousiasme.

Ma petite mercerie pour ses jolis tissus.

Et comme à chaque livre, une pensée toute particulière pour ma belle étoile qui brille là-haut dans les nuages… Le temps passe mais le souvenir et l'amour sont plus fort que jamais.

CreaPassions.com

Le site des loisirs créatifs

Retrouvez-nous sur Facebook !

Imprimé en U.E.

Dépôt légal : Septembre 2016